Jean Salem

LENIN E A REVOLUÇÃO

JEAN SALEM

LENIN E A REVOLUÇÃO

1ª edição

**EDITORA
EXPRESSÃO POPULAR**

São Paulo – 2008

Copyright © 2008, by Editions Michalon

Revisão: *Geraldo Martins de Azevedo Filho, Dulcineia Pavan*
e Miguel Cavalcanti Yoshida
Projeto gráfico, diagramação e capa: *ZAP Design*
Foto da capa: *Lenin. Meditaciones acerca de Rusia. P. Vasíliev*
Impressão e acabamento: *Cromosete*

Dados Internacionais de Catalogação-na-Publicação (CIP)

S163L   Salem, Jean
        Lenin e a revolução / Jean Salem ; tradução António
    Pescada --1.ed.-- São Paulo : Expressão Popular,   2008.
    112 p.

    Título original: Lenine et la révolution.
    Indexado em GeoDados - http://www.geodados.uem.br.
    ISBN 978-85-7743-060-4

      1. Lenin, Vladimir Ilitch, 1870-1924. 2. Chefes de Estado –
União Soviética, 1917-1921. 3. União Soviética – Política e
governo – Século XX. I. Salem, Jean. II. Título.

CDD 947.0841

Bibliotecária: Eliane M. S. Jovanovich CRB 9/1250

Todos os direitos reservados.
Nenhuma parte deste livro pode ser utilizada
ou reproduzida sem a autorização da editora.

1ª edição: março de 2008

EDITORA EXPRESSÃO POPULAR
Rua Abolição, 266 – Bela Vista
CEP 01319-010 – São Paulo-SP
Telefax: (11) 3112-0941
vendas@expressaopopular.com.br
www.expressaopopular.com.br

SUMÁRIO

JEAN SALEM E A MEMÓRIA HISTÓRICA 9
Miguel Urbano Rodrigues

INTRODUÇÃO 21

1. Como Vladimir Ilitch entrou na minha vida 23

2. A história estranha: sobre algumas das razões que tornaram o
   nome de Lenin completamente impronunciável 25

3. Atualidade de Lenin 39

SEIS TESES DE V. LENIN SOBRE A REVOLUÇÃO

1. A revolução é uma guerra; e a política é, de uma maneira geral,
   comparável à arte militar 43

2. Uma revolução política é também, e sobretudo, uma revolução social,
   uma mudança na situação das classes em que a sociedade se divide 55

3. Uma revolução é feita de uma série de batalhas; cabe ao partido de
   vanguarda fornecer em cada etapa uma palavra de ordem adaptada
   à situação objetiva; cabe a ele reconhecer o momento oportuno
   para a insurreição 60

4. Os grandes problemas da vida dos povos nunca são resolvidos
   senão pela força 66

5. Os socialistas não devem renunciar à luta pelas reformas 83

6. Na era das massas, a política começa onde se encontram milhões de
   homens, ou mesmo dezenas de milhões. Deslocamento tendencial dos
   focos da revolução para os países dominados 91

Conclusão 102

POSFÁCIO

Dez minutos para acabar com o capitalismo 105

A nossa geração – olho-a com tristeza!
É vazio ou é negro seu porvir,
Ao peso do saber e da incerteza,
Vai envelhecendo sem agir.

Tanto ao bem quanto ao mal indiferentes
Na luta recuamos sem combater;
Diante do perigo covardes, indolentes,
Desprezíveis escravos ante o poder.

Desprezamos dos avós as alegrias,
A sua pueril devassidão;
E caminhamos para a cova sem honra nem glória,
Olhando para trás com irrisão.

Mikhail Lermontov
Meditações (1838)

JEAN SALEM E A MEMÓRIA HISTÓRICA

MIGUEL URBANO RODRIGUES

É cada vez menos frequente descobrir um livro surpresa, um daqueles livros não esperados cuja mensagem nos envolve, fascinante, e não deixa mais de nos acompanhar.

Isso aconteceu com *Lenin e a revolução*, de Jean Salem.

O choque foi tão profundo que semanas depois, dirigindo-me, em Paris, a jovens universitários em um Encontro de Solidariedade com os Povos da América Latina, afirmei que não conhecia obra publicada nos últimos anos sobre a temática da revolução tão importante e útil como este pequeno livro.

Pela desmontagem da engrenagem manipulatória das consciências, pela viagem nas estradas da história, pelos painéis da teoria leninista que ilumina, o ensaio de Jean Salem funciona como injeção de confiança e esperança para quantos têm a percepção de que a humanidade se encontra novamente no limiar de um século de revoluções.

Em *Lenin e a revolução,* dois livros se complementam, se fundem e se interpenetram.

Na extensa Introdução, com um prólogo comovente, o autor ilumina a falsificação da história com aquela transparência rara que, no dizer de Camus, dá força de evidência ao óbvio. Depois, a partir da seleção de seis teses de Lenin, extraídas das suas *Obras completas,* desenvolve uma lição de política que demonstra com clareza meridiana a atualidade tão ignorada do pensamento revolucionário de Vladimir Ilitch.

Nesta época, em que a perversão midiática funciona como cimento do poder, centenas de milhões de pessoas tendem a ver em Lenin a personificação de um processo histórico e de uma ideologia de que a humanidade deveria ter vergonha.

A criminalização do ideal comunista foi tão cientificamente trabalhada pelas transnacionais da desinformação, controladas pelo grande capital, que as campanhas desencadeadas afetaram inclusive a consciência histórica de muitos comunistas.

A inversão da verdade tem raízes milenares. Existiu na Pérsia aquemênida, na Grécia, em Roma, em todas as contrarrevoluções. Bismarck, após a derrota da Comuna de Paris, definia os vencidos como criminosos de direito comum. E as burguesias europeias aplaudiam. Salem lembra que, segundo uma sondagem do Instituto Francês de Opinião Pública, somente 20% dos franceses admite que a participação da União Soviética na guerra tinha sido decisiva para a vitória sobre o nazismo. Segundo outra sondagem, a maioria respondeu que a URSS tinha sido aliada da Alemanha durante a II Guerra Mundial.

Apenas uma insignificante minoria de europeus sabe que a Wehrmacht foi destruída pelo Exército Vermelho. Em março de 1945, dois meses antes do fim do Terceiro Reich, somente 26 divisões alemãs combatiam no Ocidente os exércitos inglês e estadunidense, enquanto 170 divisões lutavam na Frente Oriental contra os soviéticos.

A famosa escritora sionista estadunidense Hannah Arendt compara o comunismo a um dragão e afirma que "os sistemas nazi e bolchevista" são "duas variantes do mesmo sistema". E vai mais longe. Comparando ambos, afirma que os Estados comunistas "cometeram crimes que atingiram aproximadamente 100 milhões de pessoas contra cerca de 25 milhões (*sic*) pelo nazismo".

Citando outros exemplos da histeria anticomunista, Jean Salem recorda que André Gluksmann – o "novo filósofo" francês, ex--maoísta, que hoje apoia com entusiasmo as guerras "preventivas" dos EUA – avaliou há anos as vítimas da repressão na URSS em 15 milhões de mortos. Com o passar dos anos, achou insuficiente essa estatística e agora chegou à conclusão de que o número de mortos foi de 40 milhões. Mas Soljenitsen, laureado com o Prêmio Nobel, acha pouco e fala de 66 milhões de mortos.

Outro campeão do anticomunismo, o russo Michael Volensky, autor da *Nomenklatura* – 400 mil exemplares vendidos na França – garante que "o tributo pago pelos povos soviéticos à ditadura ascendeu a 110 milhões de vidas humanas".

Ernst Nolte, um historiador alemão venerado pela grande burguesia, sustenta que Auschwitz foi "principalmente (...) uma reação, fruto da angústia suscitada pelas ações de extermínio cometidas pela revolução russa".

Esses anticomunistas fanáticos, epígonos das maravilhas do capitalismo, omitem que a esperança de vida na Rússia decresceu 10% numa década. O país tem hoje menos 30 milhões de habitantes do que no final do regime socialista.

A invenção de uma história que responda aos interesses do sistema de poder imperial que tem hoje o seu polo nos EUA parece, pelo absurdo, fantasia de um romance de ficção científica. Mas, para o mal da humanidade, é bem real e funciona, substituindo a história autêntica na memória de uma parcela das atuais gerações.

As seis teses de Lenin

Por que Jean Salem, refletindo sobre a imensa obra de Lenin, chama a atenção para seis teses sobre as quais nos convida à reflexão?

Porque todas elas são inseparáveis da ideia de revolução e, de todas, podemos extrair ensinamentos importantes e atuais numa época em que o capitalismo está atolado numa crise estrutural da qual procura sair, desencadeando guerras ditas "preventivas" e saqueando os recursos naturais de dezenas de países.

Quais são essas teses?

A revolução é uma guerra; e a política, de maneira geral, é comparável à arte militar.

Uma revolução política é também, e sobretudo, uma revolução social, uma mudança na situação das classes em que a sociedade se divide.

Uma revolução é feita de uma série de batalhas; cabe a um partido de vanguarda fornecer, em cada etapa, uma palavra de ordem adequada à situação objetiva; é tarefa sua identificar o momento oportuno para a insurreição.

Os grandes problemas da vida dos povos somente podem ser resolvidos pela força.

Os revolucionários não devem renunciar à luta pelas reformas.

Na era das massas, a política começa onde se movimentam milhões de pessoas, ou dezenas de milhões. É necessário, além disso, promover o deslocamento tendencial dos focos da revolução para os países dominados.

Aplicar essas teses ao mundo atual é um grande desafio para os comunistas.

Na crise global de civilização que vivemos, a política, como motor do Estado-nação, quase desapareceu desde o fim da URSS. Na prática, ela tem funcionado como instrumento do capital financeiro.

O Estado-nação – recorda Salem – destruída a sua base material, anuladas a sua soberania e independência e apagada a sua classe política, tornou-se um simples aparelho de segurança a serviço das megaempresas.

A reflexão de Lenin sobre a 1ª tese é de uma grande atualidade. Logo após a revolução russa de 1905, ele previu que se aproximava uma era de revoluções. Retomando a fórmula de Clausewitz, segundo a qual "a guerra é a continuação da política por outros meios", ele nos lembra que a única guerra justa é a dos oprimidos contra os opressores. A paz, enquanto o sistema capitalista existir, é inviável. Salem admite por isso que, finda a era neoliberal que se seguiu à guerra fria, a política mundial poderá voltar a "renacionalizar-se", isto é, a evoluir para choques entre Estados fortemente militarizados.

Reconhecemos perfeitamente a legitimidade – afirmava Lenin –, o caráter progressista e a necessidade das guerras civis, ou seja, das guerras da classe oprimida contra aquela que a oprime.

Lendo Lenin, nos vem também à memória o tipo de guerras que opõem os povos do Iraque, do Afeganistão e do Líbano aos imperialistas invasores, essas guerras justas – incluindo a do povo da Palestina contra o sionismo neonazista – nas quais os patriotas são apresentados como "rebeldes" e terroristas pelas mídias do Ocidente capitalista.

Problemas da transição

Jean Salem alerta para a necessidade de os revolucionários saberem organizar o "recuo" quando isso é necessário. E, recorrendo a Lenin, evoca o que aconteceu na Rússia quando ele compreendeu que se impunha temporariamente passar da ofensiva à defensiva, porque no país, faminto e devastado pela guerra civil e pela agressão das potências da Entente, era impossível adotar de pronto formas totalmente socialistas na organização do trabalho. A transição obrigou a utilizar o capitalismo de Estado, sob a forma da Nova Política Econômica (NEP) como "linha de retirada", provisória.

Na exposição da 2ª tese, que estabelece a ponte entre a revolução política e a revolução social, Salem, citando Lenin, sublinha que, na perspectiva do marxismo, a revolução "é a demolição pela violência de uma superestrutura política obsoleta", que já não corresponde às novas relações de produção.

A revolução de 1905 ocorreu precisamente quando a superestrutura política, a autocracia tsarista, permanecia inalterada quase meio século após a abolição da servidão que introduzira o capitalismo no país. Foi, porém, a derrota na guerra com o Japão que desencadeou o processo de ruptura, porque "os fatores subjetivos – é de Salem a afirmação – têm também o seu papel no deflagrar das revoluções; muitos regimes apodreceram, por vezes durante décadas, sem que qualquer força social possa lhes vibrar o golpe final".

Uma revolução (3ª tese) é a soma de muitas batalhas. Como Lenin ensinou em *Esquerdismo – doença infantil do comunismo,* não basta que as massas oprimidas tenham consciência da impossibilidade de continuarem vivendo exploradas. A revolução somente pode triunfar quando os de baixo "não querem mais" e os de cima não podem mais viver à maneira antiga.

Aliás, o desfecho do desafio revolucionário é sempre uma incógnita. Marx já advertia que "seria muito cômodo fazer a história se entrássemos na luta somente com probabilidades infalivelmente favoráveis".

A revolução não deve ser concebida como processo linear. Nem pode se concretizar apenas pela ação dos revolucionários. O papel da vanguarda é decisivo. Mas não prescinde das batalhas prévias por reformas econômico-democráticas em múltiplas frentes, "batalhas – assim o sustentava Lenin – que somente podem terminar com a expropriação da burguesia". A transição do capitalismo para o socialismo se assemelha, portanto, para retomar uma formulação de Marx, a "um prolongado período de gravidez dolorosa", porque a violência é sempre a parteira da velha sociedade.

Essa certeza implica outra: a de que os grandes problemas da vida dos povos são resolvidos pela força (4ª tese).

Aplicada à realidade social existente no início do século XXI, essa tese tem como premissa a consciência de que o Estado moderno na União Europeia, nos EUA, no Japão e em outros países industrializados é o instrumento de exploração do trabalho assalariado pelo capital, tal como era quando Lenin escreveu *O Estado e a revolução*.

Hoje, como nas vésperas da Revolução de Outubro de 1917, "a questão do poder é certamente a questão mais importante em todas as revoluções".

Afirmar que, por meio do aparelho de Estado, numa sociedade capitalista, é possível efetuar reformas revolucionárias incompatíveis com a lógica do sistema, como a expropriação da terra sem indenização e outras que limitem concretamente os direitos do capital, é enganar o povo. A revolução socialista exige a destruição da máquina do Estado capitalista e não apenas o controle do governo por meio de eleições ditas livres.

Hugo Chávez aprendeu isso na Venezuela bolivariana, no decurso de uma luta de classes permanente, dramaticamente marcada por sucessivas eleições, um golpe de Estado e um *lock out* petroleiro que paralisou o país. Uma luta tão intensa e complexa, mas que, apesar de esmagadoras vitórias eleitorais, a relação de forças existente, interna e externa, não permitiu ainda a destruição do Estado burguês.

Situações como a da Venezuela alertam para uma realidade que muitos intelectuais progressistas tendem a esquecer. É um erro comum acreditar que, numa revolução vitoriosa em desenvolvimento, a simples relação entre a maioria e a minoria decide o êxito do processo. Na sua crítica a Kautsky, Lenin usa palavras duras para qualificar a atitude dos que assumem essa posição, porque ela "engana as massas".

Muito tempo após o início de uma revolução, os exploradores mantêm grandes trunfos:

> resta-lhes o dinheiro (impossível de suprimir logo), alguns bens muitas vezes consideráveis; restam-lhes relações, hábitos de organização e de gestão, o conhecimento de todos os segredos da administração (maneiras

de atuar, processos, meios, possibilidades); resta-lhes uma instrução mais desenvolvida, afinidades com o alto pessoal técnico (burguês pela vida e pela ideologia); resta-lhes uma experiência infinitamente superior na arte militar etc.

No desenvolvimento da Revolução Portuguesa, tivemos a oportunidade de comprovar que a reflexão de Lenin permanecia válida.

A destruição das superestruturas do Estado fascista e a nacionalização de grande parte dos setores estratégicos da economia não impediu que a antiga classe dominante mantivesse "trunfos" que lhe facilitaram enormemente o desencadeamento da contrarrevolução, na qual Mário Soares e o Partido Socialista desempenharam um papel fundamental como instrumentos conscientes do grande capital e do imperialismo.

Lenin tinha carradas de razão ao afirmar que não se pode eliminar o capitalismo sem "reprimir impiedosamente a resistência dos exploradores".

É obvio que os desafios que se colocam às organizações revolucionárias no século XXI na luta contra o neoliberalismo diferem muito dos desafios existentes há cem anos, mas a reflexão sobre as opções estratégicas e táticas a serem adotadas hoje em cada sociedade não tiraram a atualidade da conclusão de Lenin de que os grandes problemas da história só podem ser resolvidos "pela força material". Sem um confronto final com os exploradores, a vitória completa sobre o capitalismo é impossível. A convicção de que ela pode ser alcançada por meios exclusivamente pacíficos é ingênua. Não há revolução sem revolução. Lenin enunciou uma evidência ao lembrar que os capitalistas "sempre deram o nome de liberdade à liberdade dos ricos para engordarem e à liberdade dos operários para morrerem de fome".

Pés na terra

Grupos trotskistas e anarquistas, na sua inflamada pregação pseudorrevolucionária, repetem incansavelmente que as forças progressistas devem renunciar à luta por reformas no âmbito do sistema, por mais progressistas que elas sejam.

Essa é concretamente a posição daqueles que hoje na América Latina criticam os presidentes Rafael Correa, do Equador, e Evo Morales, da Bolívia, acusando-os inclusive de cúmplices do imperialismo. O próprio Hugo Chávez não escapa a ataques dos esquerdistas de múltiplos grupelhos que desvalorizam as suas reformas de conteúdo revolucionário. Para esses, a implantação imediata do socialismo seria dever indeclinável dos presidentes da Venezuela, do Equador e da Bolívia.

Na realidade, com essa gritaria, apenas demonstram incompreensão da história.

Muito diferente, mas igualmente negativa, é, entretanto, a situação existente na Europa, em países nos quais alguns partidos comunistas adotam uma postura de colaboração com a burguesia, que se insere na tradição reformista de Eduard Bernstein. Com maior ou menor grau de consciência do papel que desempenham, funcionam a reboque da burguesia, integrados no sistema. O seu discurso reformista com verniz revolucionário não incomoda a classe dominante.

Salem, invocando Lenin, adota a posição correta ao intervir na polêmica para afirmar que "os socialistas não devem renunciar à luta pelas reformas" (5ª tese). Mas atenção. O que diferencia "uma mudança reformista" de "uma mudança não reformista" num regime político, segundo Lenin, é que, no primeiro caso, o poder continua fundamentalmente nas mãos da antiga classe dominante; e que, no segundo, o poder passa das mãos dessa classe para uma nova. No primeiro, as reformas são concessões da classe dominante, que permanece no poder.

Creio ser útil citar novamente um ensinamento de Lenin recordado por Salem:

Os "revisionistas" tomam as reformas por uma realização parcial do socialismo.

Os anarcossindicalistas, ao contrário, recusam o "pequeno trabalho" e principalmente o uso da tribuna parlamentar – tática que conduz à espera dos "grandes dias" – sem saberem unir as "forças que criam os grandes acontecimentos". Os socialistas não podem renunciar à luta a favor das reformas: devem votar, por exemplo, nos Parlamentos, por qualquer melhora, por mínima que seja, da situação das massas; por exemplo, pelo aumento da ajuda aos habitantes das regiões devastadas para reduzir a opressão das nacionalidades etc.

Não é demais repetir que os tempos são diferentes. Até a linguagem. Lenin usava a palavra socialistas para designar os bolcheviques, então membros do velho Partido Operário Social Democrata da Rússia, revolucionário no seu início.

A diferença na atitude perante as reformas não mudou. Para os oportunistas, o reformismo é um fim, pode conduzir ao socialismo tal como entendem; para comunistas leninistas, as reformas são um meio que nunca podem desviar a luta do objetivo final, o socialismo.

O internacionalismo

Lenin repetia constantemente que ser revolucionário é se comportar como militante internacionalista (6ª tese).

O seu apelo ao internacionalismo é oportuníssimo numa época em que muitos intelectuais, políticos progressistas e até operários tendem a esquecer que na era da globalização os problemas do mundo não se resolvem neste ou naquele país.

A atitude de olhar para o próprio país como lugar onde mal chegam os efeitos da luta de classes exterior leva inevitavelmente à acomodação ao sistema de exploração.

Lenin acompanhou com grande interesse a revolução persa (1905-1911), a revolução turca de 1908, a revolução madeirista no México e a revolução chinesa de 1911.

Com a sua habitual lucidez, o autor de a *Terceira Internacional e o seu lugar na história* previu – sublinha Salem – que as lutas sociais que opõem exploradores e "explorados da mesma nação ou do mesmo continente serão substituídas por lutas de dimensões planetárias, lutas globalizadas que movimentarão massas humanas cada vez mais numerosas e universalmente distribuídas pela face da Terra".

Nessas massas identificava fatores potencialmente revolucionários e ativos.

Partindo da previsão do autor do *Manifesto comunista,* Jean Salem, refletindo sobre o nosso tempo, medita sobre o significado das gigantescas manifestações de protesto contra a agressão ao Iraque que então mobilizaram milhões de pessoas em 600 cidades de 60 países.

No *Relatório sobre a revolução de 1905*, redigido antes da revolução de fevereiro de 1917, Lenin escreveu:

> O silêncio de morte que reina atualmente na Europa não deve criar ilusões. A Europa está grávida de uma revolução. As atrocidades monstruosas da guerra imperialista, os tormentos da vida cara geram, por todo o lado, um estado de espírito revolucionário, e as classes dominantes acham-se cada vez mais encurraladas num beco do qual não podem sair sem graves turbulências.

Foram proféticas essas suas palavras. A revolução de fevereiro estava prestes a explodir, como prólogo à Revolução de Outubro, o acontecimento que iria mudar a vida na Rússia e influenciar profundamente o rumo da história.

Após a derrota da revolução espartaquista na Alemanha, Lenin advertiu que o capitalismo iria sobreviver em todo o Ocidente. Nas condições existentes, a revolução socialista mundial tornava-se uma impossibilidade. Iria tardar muito. Mas acreditou sempre que ela chegaria um dia.

Jean Salem fecha o seu belo livro com palavras de esperança. Uma esperança que, uma vez mais, o levou a Lenin para trazê-lo, atualíssimo, ao mundo louco, violento e caótico hegemonizado por um capitalismo incapaz de superar a sua crise.

Lenin definia a revolução como uma festa. Assim a sentiram os trabalhadores portugueses do 25 de abril de 1974 ao 25 de novembro de 1975.

Para o fundador do Estado Soviético, foi muito mais agradável "viver a experiência de uma revolução" do que escrever sobre ela.

Não estarei vivo, mas acredito que a festa voltará um dia. Também a Portugal.

Identifico-me com Jean Salem: vivemos o fim de uma época. Confiamos na humanidade.

"Sabemos que alguma coisa vai chegar. Mas não sabemos o que é."

Serpa, 4 de julho de 2007

Miguel Urbano Rodrigues, escritor e jornalista português, 82 anos. Foi diretor de *O diário* e chefe de redação do *"Avante!"*, órgão do Partido Comunista Português. Foi deputado no Parlamento Português e nas Assembleias Parlamentares do Conselho da Europa e da União da Europa Ocidental. No Brasil, onde viveu 17 anos, foi editor especial de *O Estado de S. Paulo*. É autor de 14 livros.

INTRODUÇÃO

Em qualquer livro, o prefácio ou a introdução é ao mesmo tempo a primeira coisa e a última: ele serve quer de explicação para o objetivo da obra, quer de justificação e de resposta aos críticos. Mas, no caso presente, parece que nada disso é possível! Porque se nos nossos dias fosse possível estabelecer um *palmarès* [relação de indicados – francês] dos "cães mortos" na história das ideias, seria por certo à sombra de Vladimir Ilitch Ulianov, chamado Lenin, que se deveria entregar a palma.

Marx, indo buscar a expressão em Lessing, gostava de repetir que Hegel acabara por ser tratado, na Alemanha culta do final dos anos de 1850, como um "cão morto".[1] E, segundo Lessing, era o honesto Mendelssohn quem, no seu tempo, tinha tratado assim tão

---

[1] Ver, por exemplo, K. Marx, Posfácio à segunda edição alemã de *O capital* (Edições Avante!-Edições Progresso, Lisboa-Moscou, Livro Primeiro, Tomo I, 1990, p. 22). – Ver igualmente, no próprio Hegel: *Enciclopédia*, Prefácio à 2ª edição, Paris, Vrin, 1970, p. 19.

mal Espinosa. É certo que aqui e ali se fala de "regresso a Marx". Até se exaltam os vencidos (Gramsci), os mártires (o Che – transformado há mais de duas décadas em produto de *marketing*). Mas Lenin, como observa Domenico Losurdo no seu excelente ensaio *Fugir à História?*, é cuidadosamente silenciado.[2]

Deve se dizer que, segundo o *prêt-à-penser*[3] do momento, Lenin encarnaria uma história da qual só se poderia sentir... vergonha. Deve se dizer, além disso, que ainda mal começamos a sair de um período de criminalização do ideal comunista, que induziu uma autêntica colonização da consciência histórica dos próprios comunistas – quer estes sejam antigos, "neo" ou relapsos até a histeria. Afinal de contas, por que não seguir o exemplo do bom chanceler Bismarck, que, depois da derrota da Comuna de Paris, assimilava expressamente os vencidos a criminosos de direito comum? É preciso assinalar, finalmente, que a esquerda parece hoje deduzir tudo da ideologia dominante – as suas categorias, as suas avaliações e até os seus tiques, as suas referências mais lancinantes, numa palavra: os seus reflexos. A "autofobia", continua Losurdo, brilha muito particularmente nas fileiras daqueles que, continuando a se declarar mais ou menos apegados à justiça social, se mostram obcecados pela preocupação de reafirmar a sua total exterioridade relativamente a "um passado que é muito simplesmente, tanto para eles próprios quanto para os seus adversários políticos, sinônimo de abjeção".[4]

No fim das contas, apresentar um estudo sobre a ideia de revolução em Lenin é, ao que parece, como adotar a postura de Diógenes, o Cínico, aquele que, quando lhe perguntavam por que razão entrava sempre no teatro pela porta dos fundos, respondia que era precisamente porque todos têm o costume de entrar pela

---

[2]   D. Losurdo, *Fuir l'histoire? Essai sur l'autophobie des communistes*, Paris, Le Temps des Cerises, 2000, pp. 18-19.

[3]   Tal expressão é utilizada pelo autor seguindo a expressão *prêt-à-porter* – algo que é vendido pronto para usar – se referindo ao pensamento e aos argumentos espalhados pelo senso comum. Pode ser traduzido como pensamento enlatado. N.E.

[4]   *Ibidem*, p. 9; cf. igualmente pp. 45-46 e 65.

porta do outro lado...[5] Para conquistar a indulgência do leitor, eu quero portanto recordar, antes de mais nada, como foi que Vladimir Ilitch entrou na minha própria vida: as nossas primeiras entrevistas, em suma. Depois disso, comporei um florilégio muito sumário servindo-me de algumas ideias agora assentes, quer dizer, servindo-me de algumas das enormidades que cada cidadão deve considerar como adquiridas relativamente ao leninismo, à ex-União Soviética e ao conjunto do defunto movimento comunista. Num terceiro e último tempo, tentarei fazer perceber a atualidade das seis teses de Lenin que reuni, abreviadamente comentadas, no estudo publicado a seguir.

1. Como Vladimir Ilitch entrou na minha vida

Durante muito tempo, a exemplo de um muito bom autor, ia cedo para a cama. Também havia muito tempo, intrigavam essas conversas em voz baixa, sobre as quais Neruda escreve, que separam, mais do que um rio, o mundo das crianças do mundo dos adultos.[6] Naquela noite, era em 1961, eu estava jantando com a avó e a tia que me criavam. Tinha então nove anos; elas tinham preferido guardar segredo e falavam-me de vez em quando de um pai bastante fantasmagórico que seria professor primário na Argélia e que, por causa da guerra, não podia regressar à França. Nem uma nem a outra sabiam que a minha mãe, sem me dizer com detalhes, tinha me confiado, durante uma das nossas raras conversas que, além disso, esse pai escrevia alguns artigos na imprensa usando um pseudônimo muito concreto.

Nós três, como era costume, estávamos, nessa noite, ouvindo o "jornal falado" das 20 horas, destilado pelo enorme aparelho de rádio que se exibia a poucos passos de distância, quase ao meio da longa parede da sala de jantar. De súbito, ouvi dizer que

---

[5]   Diógenes Laércio, VI, 64.
[6]   P. Neruda, *Confesso que vivi* (1974).

Henri Alleg tinha se evadido da prisão de Rennes e que a polícia o procurava ativamente. "É o papai?", perguntei imediatamente, como se o caso fosse evidente para mim. Como única resposta, a minha avó desfez-se em lágrimas, enquanto a minha tia me levou para o meu quarto e me repetiu mais de meia dúzia de vezes aquilo em que eu prontamente tinha acreditado depois de ela me dizer uma única vez – ou seja, que é possível ir parar na prisão sem ser criminoso nem ladrão. E que, no caso do meu pai, se tratava de um homem de bem, de um corajoso militante comunista. Mas sobre a tortura ela não me disse uma única palavra nessa noite. Algumas semanas mais tarde, a minha mãe, o meu irmão (que tinha vivido com ela em Paris) e eu reencontramo-nos com o meu pai no cais de uma estação em Praga. Depois veio a escola soviética de Praga e o começo de uma vida nova. A frequente menção do nome de Lenin naquele país que nos acolhia; as referências dos meus pais e dos seus amigos à sua clarividência na ação ou a alguns dos seus discursos; as inevitáveis anedotas (dois *apparatchiks* [burocratas – russo] interrogam-se sobre o motivo por que um determinado cabaré de Moscou não faz dinheiro, quando tentaram imitar o Ocidente em todos os aspectos, e um deles assegura ao outro que de qualquer modo a dançarina de *strip-tease* é "politicamente segura", porque... conheceu Lenin); algumas estátuas, é claro, bem como a sua efígie nos emblemas de "pioneiros" que o meu irmão e eu tínhamos passado a ser. Depois, durante o verão seguinte, Artek, na Crimeia; Artek, "república dos pioneiros"; Artek e as longas discussões suscitadas, à beira do mar Negro, pelo jovem monitor encarregado do nosso "destacamento". E depois ainda Ivanovo, a Casa Internacional da Infância, esse internato muito soviético, 300 quilômetros ao Sul de Moscou, onde eram acolhidos os filhos de gregos, de iranianos e de outros que tinham sido mais ou menos martirizados pelos defensores do "mundo livre": foi inegavelmente nessa época que Vladimir Ilitch se impôs muito vivamente à minha atenção.

2. A história estranha: sobre algumas das razões que tornaram o nome de Lenin completamente impronunciável

É verdade que os nossos pais tinham acreditado erradamente que haveriam de ver a vitória durante as suas vidas – a vitória que absorveria finalmente toda a luta ou quase, aquilo a que Marx chamara o "desenlace último".[7] Eles preferiram, sem dúvida, compreender a história como se o seu futuro fosse certo. Imaginaram os seus combates, a sua dedicação, a sua coragem, como os dos quatro evangelistas que, num célebre vitral de Chartres, estão encarapitados aos ombros de quatro profetas do Antigo Testamento. A Segunda Internacional tinha traído e desnaturado a promessa, a muito profana promessa, da luta contra a guerra e da revolução operária; a Internacional de Lenin trazia, ao contrário, pela via mais direta, a paz e a justiça às nações. Depois atribuíram generosamente a Stalin o papel de um Katagarama, quer dizer, desse deus do Sri Lanka, filho de Shiva, que, segundo a lenda, se tornou generalíssimo de 300 milhões de deuses, depois da sua vitória contra os Asuras, os Titãs. Ter-nos-íamos nós próprios comportado de modo diferente se tivéssemos 20 ou 30 anos depois da derrota do nazismo? De uma derrota que tinha custado cerca de 30 milhões de mortos à União Soviética. De uma derrota que só pareceu possível e inevitável depois da mudança da guerra: Stalingrado.

É pensando nos meus colegas e nesses jovens estudantes que me acolheram de maneira tão séria e tão calorosa durante a primavera de 2005, é recordando Volgogrado[8] e a sua comovente Universidade, essa cidade em que um milhão de vivos caminha sobre dois milhões de mortos, que eu gostaria de dizer uma palavra sobre a história estranha, sobre essa louca história que os vencedores de hoje balizaram muito estreitamente. Da história estranha que faz com que o nome de Lenin pareça hoje tão difícil de ser pronun-

---

[7] Karl Marx, *Miséria da Filosofia*, Edições "Avante!", Lisboa, 1991, p. 153.
[8] Este é, como se sabe, o nome que em 1961 foi dado à antiga Stalingrado.

ciado. Aquilo que, em 2006, se diz geralmente da URSS antes e durante a II Guerra Mundial; aquilo que se diz sobre os 70 anos soviéticos, que se estaliniza inteiramente; aquilo que se diz acerca do "totalitarismo", conceito onde cabe tudo; e aquilo que se diz, em quarto lugar, sobre o fim da União Soviética: é acerca deste quarto "se diz" que eu gostaria agora de... dizer, pessoalmente, algumas palavras.

***

Porque a história é sempre escrita – ou antes, reescrita – pelos vencedores. Marx, assinala Lenin, já no seu tempo sublinhava como a reação tinha conseguido na Alemanha "eliminar quase completamente da consciência popular a recordação e as tradições da época revolucionária de 1848".[9] É dizer pouco que essas considerações poderiam, *mutatis mutandis* [mudando o que deveria ser mudado – latim], aplicar-se facilmente aos últimos 15 ou 20 anos do século XX e à violência exercida sobre a história real desse século.

Usando e abusando do adágio segundo o qual os objetos não aparentes e os objetos não existentes relevam a mesma regra lógica, jornalistas, *fast thinkers* [pensadores de plantão – inglês] e investigadores de ocasião têm conjugado tão bem os seus esforços que parece terem anulado a URSS. *De non apparentibus et de non existantibus eadem lex est* [tanto para as coisas que não aparecem quanto para as que não existem, a regra é a mesma – latim]. As sondagens valem o que valem, quer dizer, bastante pouco – ou

---

[9] "Contra o boicote", V [julho de 1907], *OC*, tomo XIII, p. 32. Trata-se do boicote à III Duma, que era defendido nomeadamente pelos socialistas revolucionários; Lenin não acha, neste caso, que essa palavra de ordem de boicote (palavra de ordem que ele tinha defendido ardentemente no período de ascenso revolucionário, quer dizer, até fevereiro-março de 1906, datas das eleições para a I Duma de Estado) seja tão oportuna em 1907. – Cf. a carta de K. Marx a L. Kugelmann datada de 3 de março de 1869.

mesmo muito pior.[10] Mas não deixa de ser interessante referir que, segundo um estudo do Ifop, em 2004 só 20% dos franceses consideravam que a participação da URSS foi preponderante na vitória sobre o nazismo (contra 57%, ao que parece, em 1945).[11] É preciso também reconhecer que a ignorância é a tal ponto gigantesca que a maioria dos jovens franceses interrogados durante uma outra "sondagem" teria considerado que a URSS tinha sido aliada da... Alemanha hitleriana durante a II Guerra Mundial.[12] Eco distante, sem qualquer dúvida, em cérebros votados à publicidade e à aculturação, da principal acusação formulada em matéria internacional contra a União Soviética de entre as duas guerras: a assinatura, em 23 de agosto de 1939, do pacto germano-soviético. Contudo, retomando a tese dos historiadores Lewis B. Namier e Alan Percivale Taylor,[13] as novas obras dos historiadores anglófonos esclarecem as condições em que a URSS chegou a essa decisão. Mostram como a teimosia da França e da Grã-Bretanha na sua política de "apaziguamento" – em outras palavras, de capitulação perante as potências fascistas – arruinou o projeto soviético, projeto que visava a "segurança coletiva" dos países ameaçados pelo Reich. Daí os acordos de Munique (29 de setembro de 1938), pelos quais Paris, Londres e Roma permitiram a Berlim anexar, dois dias depois, os Sudetas. Isolada diante de um Terceiro Reich que tinha então as mãos livres a Leste, Moscou assinou com Berlim (em agosto de 1939, repita-se) o pacto de não agressão que a poupava

---

[10] Ver mais adiante, p. 110 – Democraticamente?

[11] Estudo do Ifop [Instituto Francês de Opinião Pública – N. T.], cujos resultados podem ser consultados no seguinte endereço: http://www.ifop.com/europe/sondages/opinionf/60ansdday.asp

[12] Sondagem realizada em junho de 1984, alguns dias antes de uma "comemoração" muito estritamente atlantista do desembarque aliado nas praias da Normandia.

[13] Cf. L. B. Namier, *Diplomatic Prelude, 1938-1939*, Londres, Mcmillan & Co. Ltd, 1948; e A. J. P. Taylor, *The Origins of the Second World War*, Middlesex, Penguin Books, 1961; trad. francesa de R. Jouan, *Les Origines de la seconde guerre mondiale*, Paris, Presses de la Cité, 1981 (cf. em especial p. 296: "Por mais voltas que se queira dar à bola de cristal para tentar entrever o futuro do ponto de vista de 23 de agosto de 1939, é difícil ver que outro caminho os russos poderiam seguir").

provisoriamente.[14] "A oposição de Chamberlain a uma aliança com os soviéticos", escreve Michael J. Carley, e especialmente o "anticomunismo" (decisivo em cada momento-chave desde 1934-1935), o "medo da vitória sobre o fascismo" que animava governos britânicos e franceses temerosos de que o papel dirigente destinado à URSS numa guerra contra a Alemanha alargasse o seu sistema a todos os beligerantes, os múltiplos adiamentos tendentes a deixar finalmente Hitler com as "mãos livres a leste" – tudo isso foi "não apenas determinante no fracasso das negociações trilaterais do verão de 1939", mas constituiu também "uma das causas principais do desencadeamento da II Guerra Mundial".[15] Quanto ao fato de Stalin ter reclamado aos ocidentais, desde agosto-setembro de 1941, a abertura de uma "segunda frente" a oeste (envio de divisões aliadas para a URSS ou desembarque nas costas da França) e ter tido de esperar essa segunda frente até junho de 1944, parece, ao menos nas nossas latitudes, que somente alguns antigos dirigentes do Partido Comunista Francês ainda falam disso nas suas memórias.[16]

Em fins de março de 1945, permaneciam na frente ocidental 26 divisões alemãs, contra 170 divisões na frente leste, onde os combates foram encarniçados até o fim.[17] Mas antes disso, como recorda em pormenor o *Livro negro* de Ilya Ehrenburg e Vassili Grossman, judeus e eslavos (cujo extermínio de 30 a 50 milhões

---

[14]   Ver a notável clarificação feita a este respeito por Annie Lacroix-Riz, professora de História Contemporânea na Universidade de Paris VII, em *Le Monde diplomatique* datado de maio de 2005: "L'Union Soviétique par pertes et profits"; bem como o seu ensaio *L'Histoire contemporaine sous influence*, Paris, Le Temps des Cerises, 2004.

[15]   M. J. Carley, 1939, *The Alliance that Never Was and the Coming of World War 2*, Chicago, Ivan R. Dee, 2000 (trad. francesa, *1939. L'Alliance de la dernière chance. Une réinterpretation des origines de la Seconde Guerre mondiale*, Presses de l'Université de Montréal, 2001, pp. 300-301 e 181).

[16]   Ver: J. Thorez-Vermeersch, *La Vie en rouge. Mémoires*, Paris, Belfond, 1998, pp. 84-88 (livro do qual o ex-maoísta Stéphane Courtois – hoje "Grande Inquisidor" – me atribui a redação, segundo me dizem, a pretexto de que lhe acrescentei um *Posfácio*: afirmação digna da seriedade de quem a faz).

[17]   Cf. G. Kolko, *The Politics of War. Allied Diplomacy and the World Crisis of 1943-1945*, Londres, Weidenfeld and Nicolson, 1969, p. 372.

de indivíduos de Oradour-sur-Glane tinha sido planejado pelo Terceiro Reich) morreram aos milhares. Os 900 dias do cerco de Leningrado (julho de 1941-janeiro de 1943) mataram um milhão de habitantes dos 2,5 milhões com que a cidade contava, dos quais mais de 600 mil durante a fome do inverno de 1941-1942. No total, 1,7 mil cidades, 70 mil aldeias e 32 mil empresas industriais foram arrasadas.

De resto, duas imposturas interesseiras não pararam de obscurecer as investigações conduzidas sobre a União Soviética durante os últimos 30 anos. 1) A primeira consiste em apresentar o anticomunismo como uma análise da URSS. A sovietologia foi muitas vezes a aventura do Por que não? "O problema do especialista em coisas soviéticas", escreveu nesse sentido Alain Besançon, "não está principalmente, como noutros domínios, em atualizar os seus conhecimentos. A grande dificuldade é considerar como verdade aquilo que alguns consideram inverosímil, acreditar no inacreditável".[18] 2) A segunda dessas imposturas consiste, segundo a expressão de Moshe Lewin, em "estalinizar" a totalidade do fenômeno, o qual, do princípio ao fim, nunca teria sido mais do que um imenso "gulag", uniforme e recomeçado.[19]

Ora, para começar pelo fim, haveria, por certo, fundamento para falar, tendo em vista as diferentes fases, as mudanças de direção, as profundas transformações que marcaram a história do socialismo real, não de um regime, mas antes, de regimes soviéticos. De resto, a eliminação do estalinismo na Rússia e do maoísmo na China não bastaram para provar que a forma mais despótica do exercício do poder não constituía nem um parâmetro independente das circunstâncias do momento (e das tradições históricas) nem uma patologia incurável? A menos que se queira comparar não

---

[18] A. Besançon, *Court traité de soviétologie à l'usage des autorités civiles, militaires et réligieuses* (Prefácio de R. Aron), Paris, Hachette, 1976, p. 19.

[19] Cf. M. Lewin, "Dix ans après la fin du communisme. La Russie face à son passé soviétique", *in Le Monde diplomatique*, dezembro de 2001.

apenas Stalin e Hitler, mas também Lenin e Hitler, Khrushov e Hitler, Brejnev e Hitler etc.? Afinal, a imprensa da nossa estranha esquerda não receou, no princípio dos anos de 1980, martelar o tema de um "nacional-socialismo pintado de vermelho" a propósito da Polônia do general Jaruzelski![20] Parece-nos entretanto mais sério e conforme à verdade admitir, com Moshe Lewin, que o sistema soviético existiu "em duas ou três versões" pelo menos.[21] A própria Hannah Arendt não tentou, uma vez sem exemplo, afinar o seu conceito fetiche, o de "totalitarismo", ao escrever que "a Rússia só se tornou plenamente totalitária depois dos julgamentos de Moscou, quer dizer, pouco antes da guerra"?[22] Essa tentativa de seriação merece ser realçada com cuidado, e mesmo com emoção, numa autora que não receou comparar o comunismo com um "dragão"[23] nem apresentar "ideologia racista" e "ideologia comunista" como coisas perfeitamente simétricas;[24] numa autora que, na mais pura veia da guerra fria, glosava sem a mínima hesitação a propósito do "mundo livre" e do seu "combate contra o totalitarismo",[25] praticando assim essa "difamação linguística *a priori*", esses truques de linguagem que, como escrevia muito justamente H. Marcuse, longe de se limitar a definir o inimigo e a combatê-lo, o constituem; e o inimigo assim criado não aparece como é na realidade mas sim como deveria ser para poder preencher a função que lhe é atribuída pela ordem estabelecida. Inversamente, acrescentava, para

---

[20] Cf., entre centenas de outros exemplos, *Le Matin de Paris*, 2-3 de janeiro de 1982.

[21] Cf. M. Lewin, "Dix ans après la fin du communisme. La Russie face à son passé soviétique", *loc. cit.*

[22] H. Arendt, *La Nature du totalitarisme* [1954], trad. fr. de M.-I. B. de Launay, Paris, Payot, 1990, p. 114.

[23] H. Arendt, "Les ex-communistes", retomado em *Penser l'événement*, Paris, Berlin, 1989, p. 174.

[24] H. Arendt, *La Nature du totalitarisme, op. cit.*, pp. 115-116. – Do mesmo modo, a "burguesia", como inimigo a abater, desempenharia na ideologia comunista um papel exatamente análogo ao dos "judeus" na ideologia nazi etc.

[25] H. Arendt, "Les ex-communistes" [1953], retomado em *Penser l'événement, op. cit.*, p. 165.

quem se opõe a semelhante inimigo, "o fim justifica os meios": os crimes (nomeadamente os do exército estadunidense no Vietnã) "deixam de ser crimes se servem para a proteção e a extensão do 'Mundo Livre'".[26]

Do mesmo modo, só de passagem podemos abordar aqui a questão das questões, que quase passaria por uma dubitação sacrílega: será sério declarar, como Hannah Arendt (cujo discurso, até se tornar uma moda recente, quase não "passou" na Europa), que "os sistemas nazi e bolchevique" não são mais do que "duas variantes do mesmo modelo"?[27] Numa obra que causou grande burburinho no momento da sua publicação, manejava-se com raro brio essa forma mais do que expeditiva de unidade dialética dos contrários. O prefaciador da obra referida proclamava não pôr de modo algum em causa a "singularidade de Auschwitz", mas não deixava de afirmar, ao final de umas poucas páginas, que os regimes comunistas teriam "cometido crimes que atingiram cerca de 100 milhões de pessoas, contra cerca de 25 milhões de pessoas para o (*sic*) nazismo".[28] E, mais contradição menos contradição, esse mesmo escreveu pouco antes: "o nosso objetivo não é estabelecer aqui uma qualquer macabra aritmética comparativa, [uma] dupla contabilidade do horror, [uma] hierarquia da crueldade".[29] Pois "o que pesa um zero quando se calcula em mega-mortos!", como escreveu um outro – sem temer o ridículo.[30]

A verdade menos contestável é que a avaliação do número das vítimas da repressão na URSS se tornou no Ocidente, a partir de

---

[26] H. Marcuse, *Vers la libération*, Paris, Denoël/Gonthier, 1969, pp. 139-141.

[27] Citação extraída de *The Origins of Totalitarism* [1951]. III. *Le Système totalitaire* (trad. de J.-L. Bourget, R. Davreu e P. Lévy), Paris, Seuil ("Points/Essais"), 1995, p. 236, nº 5 da Introdução.

[28] Cf. S. Courtois, Prefácio ao *Livre Noir du communisme*, Paris, Robert Laffont, 1997, pp. 19 e 25.

[29] *Ibidem*, p. 25. Os parênteses indicam que tive de corrigir a sintaxe, que também não está correta.

[30] Citação tomada de um historiador picuinha: B.-H. Lévy, *La Barbarie à visage humain*, Paris, Grasset, 1977, p. 179.

LENIN E A REVOLUÇÃO

1975, uma arena muito particularmente destinada a exercitar as forças dos lutadores. A esse respeito apresentou-se um cortejo de fatos táo inverosímeis que seria muito difícil à realidade produzi-los. Cada estimativa contradizia a outra, destruindo assim a sua pretensão à pertinência científica. Para nos limitarmos à literatura franco-francesa e aos livros que podem ter impressionado os espíritos para além do restrito domínio universitário, salientarei que Jean Ellenstein, numa *História da URSS* publicada em 1973, avaliava em alguns milhões o número das deportações ocorridas na União Soviética.[31] Alguns anos depois, Charles Bettelheim, por sua vez, mencionava as estimativas de Wiles, o qual tinha fixado o número de 1,62 milhões para os anos de 1931 a 1937 e de 4,32 milhões para 1938, acrescentando que esse último número lhe parecia "elevado".[32] Em 1977, os autores eurocomunistas de *A URSS e nós* avançavam "um número mínimo de 10 milhões de soviéticos mortos em consequência das duas grandes ondas de repressão dos anos de 1930", em outras palavras, dos anos de 1930-1933 e de 1935-1938.[33] André Glucksmann (ex-maoísta que, há 20 anos, reclama corajosamente cada uma das operações militares que o Pentágono anuncia para dois dias depois) passava, no período de dois anos, de "15 milhões de mortos prováveis" para 40 milhões de mortos "provavelmente".[34] E, para acabar essa contagem alucinante e lúgubre, citarei os números avançados por dois autores que, ainda que não sendo franceses, foram, na França e noutras partes, promovidos para além de qualquer limite: Soljenítsin, antes de mais nada (900 mil exemplares do volume i do *Arquipélago Gulag* foram vendidos na França desde 1983, ou seja, cerca de dez anos

---

[31]   J. Ellenstein, *Histoire de l'URSS*, Paris, Éditions Sociales, 1973, tomo ii, pp. 170 e segs. e 224 e segs.

[32]   Ch. Bettelheim, *Les Luttes de classes en URSS*, Paris, Seuil/Maspero, 1974-1982, tomo i, [pub. em 1974], p. 233 ; bem como P. J. D. Wiles, "The Number of Soviet Prisoners", artigo datilografado, disponível na Biblioteca do Congresso, Washington, 1953.

[33]   A. Adler *et alii*, *L'URSS et nous*, Paris, Éditions Sociales, 1978, pp. 60 e segs.

[34]   Cf. respectivamente A. Glucksmann, *La Cuisinière et le mangeur d'hommes*, Paris, Seuil, 1975, p. 121, e *idem*, *Les Maîtres penseurs*, Paris, Grasset, 1977, p. 127.

depois da publicação do livro), Aleksandr Soljenítsin que assegurava que na URSS tinham morrido... 66 milhões de homens devido ao regime comunista; e, *last but not least* [por último, mas não menos importante – inglês], Michael Voslensky, autor de *La nomenklatura* (400 mil exemplares vendidos na França), que anunciava que o tributo pago pelos povos soviéticos à ditadura, entre 1917 e 1959, se elevava a 110 milhões de vidas humanas.[35] Isso quer dizer que não aconteceu nada? Que Evguénia Guinzbourg não descreveu em páginas pungentes a loucura de uma vida concentracionária que não a fez mudar de ideal?[36] Que o terror não pesou sobre o país, pelo menos durante longos anos, como uma pesada cobertura de chumbo? De modo algum. Eu só pergunto se, à força de afirmar que é indecente fazer contas de merceeiro na ordem do horror, se pode proferir acusações mais desmedidas do que qualquer número determinável. E esquecer os montões de dentes de ouro, as cabeças de prisioneiros reduzidas ao uso de peso para papéis, os quebra-luzes feitos de pele humana, as experiências diabólicas de médicos saídos do inferno etc. Eu peço, antes de cair como muitos na autoflagelação dos vencidos, nós pedimos muito simplesmente – nós que do comunismo conhecemos principalmente a verticalidade, as luminosas esperanças e o heroísmo que caracterizavam os nossos pais – que nos digam um pouco mais precisamente de que é que nos falam: qual foi a escala dos crimes de que estão falando.

O cerne da questão consistiu, no fim das contas, em colocar um sinal de igualdade entre estalinismo e nazismo. Em esquecer os sonhos mais generosos de dezenas e dezenas de milhões de homens e de mulheres de todo o planeta, sonhos que durante décadas acompanharam a existência do "socialismo real". Em reduzi-los ao mesmo que as

---

[35] Cf. p. ex. A. Soljenítsin, *Carta à Conferência dos Povos Oprimidos pelo Comunismo*, realizada em Estrasburgo em 5 de agosto de 1975, pub. em *Continent* n. 4 (Gallimard, 1978); e M. Voslensky, *La Nomenklatura*, Paris, Belfond, 1980, pp. 503-504.

[36] Cf. E. S. Guinzbourg, *Le Vertige* e *Le Ciel de la Kolyma*, Paris, Seuil, 1967 e 1980.

obscenas paixões dessas multidões que os fascistas nunca galvanizaram senão com apelos ao ódio e incitamentos às carnificinas. Chegou-se por fim, no mesmo movimento, ao essencial daquilo que se visava, quer dizer, à identificação definitiva do verdadeiro e único Belzebu, do Mal autêntico e original. Jean-Michel Chaumont censurava já muito justamente H. Arendt por assimilar o "Gulag" e "Auschwitz", considerados como duas essências platônicas, como dois *isolats*,[37] comparáveis a ideias pousadas nas nuvens.[38] "'O assassínio por pertença de classe' perpetrado pelos bolcheviques não será o precedente lógico e fatual do 'assassínio por pertença racial' perpetrado pelos nazis?": essa frase, devida ao historiador alemão Ernst Nolte,[39] poderia ser encontrada em Hannah Arendt.[40] Pois não existe um "elo de causalidade", Nolte chegou a escrever,[41] entre "o assassínio por pertença de classe" e o "assassínio por pertença racial", que nele é apresentado apenas como uma réplica? *Post hoc, ergo propter hoc!* [Depois disso, portanto, por causa disso – latim][42] Auschwitz seria no fim das contas, segundo esse historiador, uma "cópia" do Gulag, mas como uma "cópia deformada", uma cópia "mais horrível do que o original". "Auschwitz" responderia ao "Gulag", decorreria diretamente dele.[43] Porque "Auschwitz" resultaria "principalmente (...) de uma reação, ela própria fruto da

---

37   O autor emprega o neologismo francês *isolat*, usado em biologia e antropologia, para grupo de seres isolados. (N. T.)

38   Cf. J.-M. Chaumont, "La singularité de l'univers concentrationnaire selon Hannah Arendt", em A.-M. Roviello e M. Weyembergh, *Hannah Arendt et la modernité*, Paris, Vrin, 1992, pp. 104-105: "A partir do momento em que tomou o partido de colocar no mesmo plano o judeucídio e o extermínio (*sic*) dos *kulaks*, [H. Arendt] impediu-se de conferir qualquer singularidade à política nazi de extermínio."

39   E. Nolte, "Um passado que não quer passar", em: *Historikerstreit*, Munchen, 1987; trad. francesa, *Devant l'histoire. Les documents de la controverse sur la singularité de l'extermination des Juifs par le régime nazi*, Paris, Éditions du Cerf, 1988, p. 34.

40   Ver, por exemplo, o texto das pp. 115-116 de *La Nature du totalitarisme*, de que já falamos mais acima, p. 23, bem como a nota 3 dessa mesma página.

41   E. Nolte, "Um passado que não quer passar", em *Devant l'histoire, op. cit.*, p. 34.

42   Fórmula que designa tradicionalmente a confusão da causa com a simples antecedência no tempo.

43   E. Nolte, "Légende historique ou révisionisme. Comment voit-on le III Reich en 1980", conferência pronunciada em 1980 e publicada nas pp. 8-23 de *Devant l'histoire* (cit., p. 21).

angústia suscitada pelos atos de extermínio cometidos pela revolução russa".[44] Seguir-se-ão, como é devido, contorções destinadas a negar com ar sério que se chegue assim a "banalizar" as atrocidades nazis etc. Oh! claro, "nenhum assassínio, e ainda menos um assassínio em massa, pode 'justificar' outro", continua Nolte.[45] Mas enfim, apesar da evidência da documentação histórica e apesar da cronologia, fascismo e nazismo teriam constituído "a resposta radical", a "contrapartida" e a "imagem" do estalinismo.[46]

Que semelhantes teses tenham sido divulgadas e levadas a sério por universitários franceses (muitas vezes ex-comunistas) constitui, em si, um sintoma daquilo que se passou no campo histórico-mediático desde os anos de 1975-1980.[47] Mas que isso tenha se tornado a *doxa* [opinião, juízo – grego], uma das "evidências" do cidadão ocidental médio, parece evidentemente assombroso. Um exemplo entre milhares de outros: em Budapeste, no número 60 da avenida Andrassy, numa Hungria em que, no espaço de alguns meses, meio milhão de judeus foram forçados a partir para os campos de extermínio nazis, o turista poderá visitar uma "Casa do Terror", que tem muito mais salas consagradas aos horrores do período de domínio comunista do que ao terror nacional-socialista. No meio de um dilúvio de mensagens que tocam todos os sentidos ao mesmo tempo (música tonitruante, televisões gigantescas ou não, cartazes, capacetes audiovisuais vivamente recomendados pelo pessoal do "museu"), praticou-se a amálgama até o ridículo, expondo aqui uma farda de soldado soviético ao lado de uma farda nazi, misturando noutro lugar a deportação (*deportation*) para os campos de extermínio com o deslocamento forçado (*resettlement*) de dezenas de milhares

---

[44] *Ibidem*, p. 21.

[45] E. Nolte, "Um passado que não quer passar", em *Devant l'histoire, op. cit.*, p. 34.

[46] E. Nolte, *Die Faschistischen Bewegungen* [Munchen, 1966], trad. francesa de Rémi Laureillard, prefácio de Alain Renaud, *Les mouvements fascistes*, Paris, Calman-Lévy, 1969 e 1991, p. 341.

[47] Ver, a esse respeito, a edificante correspondência de François Furet com Ernst Nolte, editada com o título *Fascisme et communisme*, Paris, Hachette, "Pluriel", 2000.

de húngaros depois de uma guerra durante a qual as autoridades do país não tinham – é o mínimo que se pode dizer – feito a melhor escolha. Uma espantosa imitação do Yad Vashem, com velas do pior gosto, completa o conjunto dessa singular encenação.

Ora, vamos! É tempo de reler finalmente com alguma lucidez e algum escrúpulo de verdade essas declarações lapidares que maravilharam Paris durante 30 anos e cujos autores sempre foram citados com a mais extrema seriedade. Por exemplo esta: o totalitarismo "na União Soviética, no regime ligado ao nome de Stalin, atingiu um grau que nem de longe foi igualado pelo fascismo nem pelo nazismo".[48] Liguemo-las, porque elas não podem deixar de estar ligadas, às campanhas pouco mais recentes na Universidade francesa a favor de uma "Nuremberg do comunismo", à completa deslegitimação de qualquer discurso que se refira de perto ou de longe ao marxismo, e interroguemo-nos quais podem ser os seus efeitos imediatos num país em que se observa, com uma frequência cada vez maior, comportamentos e atos que nos recordam os anos de 1930. "E é assim", como se diz na *Noite de reis* de Shakespeare, "que o torniquete do tempo traz as suas vinganças."[49]

Na verdade, *The fall of the soviet empire*,[50] *The disintegration of the soviet union*,[51] *The causes of the soviet collapse*,[52] *L'Énigme de la désagrégation communiste*[53] etc. – a lista das expressões ou das

---

[48] Citação de Claude Lefort, *Un homme de trop. Réflexions sur "L'Archipel du Goulag"*, Paris, Seuil, 1976, p. 51.

[49] W. Shakespeare, *Noite de reis*, ato v, cena 3: *And thus the whirligig of time brings in his revenges.*

[50] J. B. Dunlop, *The Rise of Russia and the Fall of the Soviet Empire*, Princeton University Press, Princeton (New Jersey), 1993.

[51] Cf. B. Fowkes, *The Disintegration of the Soviet Union*, Basingstoke, Macmillan Press Ltd, 1997; também J. Williamson ed., *Economic Consequences of Soviet Disintegration*, Washington, D. C., Institute for International Economics, 1993.

[52] Cf. N. Besley, *The End of the Cold War and the Causes of the Soviet Collapse*, Basingstoke, Palgrave Macmillan, 2004.

[53] Título de um trabalho editado pela Fundação Saint-Simon; cf. a esse respeito: V. Laurent, "Enquête sur la Fondation Saint-Simon. Les architectes du social-libéralisme", *Le Monde diplomatique*, setembro de 1998.

declarações desse gênero acerca do fim da União Soviética em 1989-1991 poderia dar lugar, por si só, a uma interminável litania de apreciações todas convergentes: a URSS "desmoronou-se, em alguns meses, como um castelo de cartas"; o sistema "desabou por si mesmo"[54] etc. Assim, o *breakdown* (em outras palavras, a avaria, a decomposição ou ainda o desmembramento da União Soviética), escreve Nick Besley, seria devido a quatro causas, todas internas em última análise: a ascensão dos nacionalismos, tornada possível pelo fim da guerra fria; os maus desempenhos do sistema econômico; a "fragmentação da elite"; e a falência das instituições do Estado.[55] Quanto a Moshe Lewin, habitualmente muito mais circunspecto, afirma que "não foi a corrida aos armamentos (...) que causou a morte da URSS, embora tenha tido influência." O "fator decisivo" deveria ser procurado, diz ele, "nos 'mecanismos' próprios do sistema soviético".[56]

Todavia, Albert Soboul gostava de repetir, nas suas aulas consagradas à Revolução Francesa, que em 10 de agosto de 1792 (dia da insurreição popular que forçou a Assembleia Legislativa a pronunciar a suspensão do monarca) não tinha havido "queda" mas sim derrubada da monarquia. Porque, acrescentava com um sorriso, ela não caiu sozinha. Ora, em 1991 a URSS, por certo, também não "caiu sozinha". O começo da "guerra fria" e o fim do seu ressurgimento, depois do interlúdio do "desanuviamento" nos anos de 1972-1980, não tinham sido marcados por dois avisos militares muito explícitos? Foram duas ameaças não apenas de guerra, mas de guerra total ou de aniquilamento: a destruição atômica de Hiroshima e de Nagasaki decidida por Harry Truman e

---

[54] A. de Tinguy dir., *L'Effondrement de l'empire soviétique*, Bruxelas, Établissements Émile Bruylant, 1998, pp. 3 e 6.

[55] N. Besley, *The End of the Cold War and the Causes of the Soviet Collapse*, pp. 109 e 120-121.

[56] M. Lewin, "Quatre-vingt ans après la Révolution d'Octobre. Pourquoi l'Union soviétique a fasciné le monde", *Le Monde diplomatique*, novembro de 1997.

o programa de "guerra das estrelas" lançado por Ronald Reagan.[57] Daqueles que descreveram o recente fim da URSS, ninguém ou quase ninguém referiu que um dos objetivos explícitos da Iniciativa de Defesa Estratégica, lançada em 1983 pela equipe de Reagan, era "pôr de joelhos a potência soviética", abalá-la e depois arruiná-la por meio de um relançamento desenfreado da corrida armamentista. Parece-nos, por isso, absolutamente evidente o caráter mistificador de categorias que pretendem definir como processo puramente espontâneo e interno uma crise que não pode ser separada da formidável pressão exercida pelo campo adverso. E a categoria de "implosão" ou de "colapso", assim como todos os seus sucedâneos enumerados acima, poderia, portanto, ser incluída numa mitologia apologética do capitalismo e do imperialismo. Ela só serve, como escreveu D. Losurdo, para "coroar os vencedores".[58]

***

Concluindo. Não dissemos nada, como talvez se tenha notado, acerca de uma população cada vez mais empobrecida, humilhada, forçada a recorrer ao desengano para sobreviver. Nem acerca da redução da expectativa de vida na Rússia. Nem acerca do fato de que o pequeno *écran* [televisão – francês] se tornou aí a forma dominante de lazer. Também não dissemos nada a propósito do nível de vida da população russa e da sua proteção social, que não pararam de se degradar desde o início dos anos de 1990. Não dissemos nada dessa inegável nostalgia que muitas pessoas menos jovens sentem ainda pelo tempo anterior. Limitamo-nos a dar a entender que o regime saído da Revolução de Outubro de 1917 foi capaz de salvar o país de uma decomposição que já estava em curso, de erigir um sistema industrial por meio dos primeiros planos quinquenais de

---

[57] Cf. D. Losurdo, *Fuir l'histoire?*, *op. cit.*, p. 37.

[58] *Ibid.*, p. 37.

antes da guerra, de vencer a própria guerra, de gerir o seu imenso território praticando essa espécie de "internacionalismo interno" de que nenhuma outra potência deu provas em relação às suas antigas colônias, de dar uma educação escolar e universitária à sua população e de se reformar quando foi caso disso – fatores que testemunham avanços muito consideráveis relativamente à velha Rússia.[59] Pode-se dizer que continua em aberto a questão do balanço do período histórico iniciado com a revolução soviética e com a chegada de Lenin ao poder. Pode-se dizer que uma tão vasta questão merece mais do que panfletos, abordagens de má qualidade ou escritos de circunstância.

3. Atualidade de Lenin

Eis agora, na sua mais perfeita objetividade e na sua formulação mais lapidar, as seis teses que achei poder deduzir daquilo que Lenin escreveu acerca da ideia de revolução:

1. A revolução é uma guerra; e a política é, de uma maneira geral, comparável à arte militar.

2. Uma revolução política é também, e sobretudo, uma revolução social, uma mudança na situação das classes em que a sociedade se divide.

3. Uma revolução é feita de uma série de batalhas; cabe ao partido de vanguarda fornecer em cada etapa uma palavra de ordem adaptada à situação objetiva; cabe a ele reconhecer o momento oportuno para a insurreição.

4. Os grandes problemas da vida dos povos nunca são resolvidos senão pela força.

5. Os revolucionários não devem renunciar à luta pelas reformas.

6. Na era das massas, a política começa onde se encontram milhões de homens, ou mesmo dezenas de milhões. Convém, além

---

[59] Cf. M. Lewin, "Quatre-vingt ans après la Révolution d'Octobre. Pourquoi l'Union soviétique a fasciné le monde", *Le Monde diplomatique*, novembro de 1997.

disso, assinalar o deslocamento tendencial dos focos da revolução para os países dominados.

Eu gostaria de pôr à prova a atualidade dessas teses, dos fatos que o seu autor invocou e das considerações que as fundamentaram – nesta época em que a ordem mundial parece ter regredido até o ponto de voltar ao tempo das conquistas da América, da Ásia, da África e da Oceania. Vastos territórios e riquezas, e sobretudo uma imensa força de trabalho disponível, esperam os seus novos senhores. Nessa guerra, a política, como motor do Estado-nação, quase parece ter desaparecido: ela só tem servido, nesses últimos 15 anos, para "gerir" a hegemonia do *business*, e os políticos quase só passam por comparsas encarregados de acompanhar as vontades dos meios de negócios. Destruída a sua base material, anuladas a sua soberania e a sua independência, apagada a sua classe política, o Estado-nação tornou-se um simples aparelho de segurança ao serviço das mega empresas.[60] A teoria do comércio internacional nos diz que é vantajoso para cada país passar do estreito mercado nacional para a livre troca globalizada. Mas admite-se naturalmente que, no novo hipermercado planetário, a abertura das trocas faz com que haja muitos perdendo e só alguns ganhando.

O liberalismo, a teologia neoliberal, devorou os cérebros. Por uma extraordinária inversão dos papéis, a palavra dos entendidos denuncia agora "conservadorismo" nas reivindicações populares e pretende ver o "progresso", a "reforma", na regressão social, na desregulamentação generalizada. Tal como Boris Ieltsin (outra inversão semântica notável) era considerado representante da "esquerda" e Mikhail Gorbatchov do "centro", nos últimos momentos da União Soviética – e a "direita" reunia, como se compreende, todos aqueles que não apelavam à restauração de um "mercado livre" e à pilhagem dos bens do Estado... Para descrever as transformações contemporâneas das sociedades avançadas, escreviam

---

[60] Cf. a esse respeito, Marcos (sub-comandante), "'Pourquoi nous combatons' – La quatrième guerre mondiale a commencé", *Le Monde diplomatique*, agosto de 1997.

muito justamente Pierre Bourdieu e Loïc Wacquant, a nova vulgata planetária apoia-se numa série de oposições e de equivalências que se sustentam e respondem umas às outras: descomprometimento econômico do Estado e reforço das suas componentes policiais e penais, desregulamentação dos fluxos financeiros e desenquadramento do mercado de emprego, redução da proteção social e celebração moralizadora da "responsabilidade individual".

Seguia-se a lista das antinomias mais repisadas, tão sumárias como binárias:

Mercado	Estado
liberdade	coerção
aberto	fechado
flexível	rígido, imóvel
dinâmico, móvel	parado
futuro, novidade	passado, ultrapassado
crescimento	imobilismo, arcaísmo
indivíduo, individualismo	grupo, coletivismo
diversidade, autenticidade	uniformidade, artificialidade
democrático	autocrático ("totalitário")*

Como corolário, a diferença de rendimentos entre os países mais ricos e os países mais pobres passou, segundo o relatório anual do Programa das Nações Unidas para o Desenvolvimento (PNUD) referente a 1999, de 30 para 1 em 1960, a 60 para 1 em 1990, e 74 para 1 em 1997. E as desigualdades não param de aumentar no interior das nações, provocando tensões sociais, motins raciais e outras guerras civis mais ou menos terríveis. Porque uma globalização desse tipo, um sistema que paradoxalmente multiplica as fronteiras ao pulverizar os Estados, oferece seguramente o mais belo futuro à guerra.

Formas de organização novas; o mínimo de disciplina sem a qual não é possível qualquer ação coletiva; um novo universalismo,

---

* P. Bourdieu e L. Wacquant, "La nouvelle vulgate planétaire", *Le Monde diplomatique*, maio de 2000.

uma doutrina e, já agora, uma doutrina de combate: é isso que nos trará inevitavelmente este século, e isso tão seguramente como fomos surpreendidos e perturbados pela Restauração em curso. Pode acontecer que, das seis teses que agora vamos estudar mais de perto, consigamos tirar alguns ensinamentos muito úteis num futuro que não está tão distante como se julga.

***

SEIS TESES DE V. LENIN SOBRE A REVOLUÇÃO

Pareceu-nos pois que, de um exame sistemático das *Obras Completas* de V. I. Lenin,[61] se deduzem seis teses principais no que diz respeito à ideia de revolução.

1. A revolução é uma guerra; e a política é, de uma maneira geral, comparável à arte militar

Lenin cita e assume de muito bom grado esta declaração de Kautsky, que escrevera em 1909 na sua brochura intitulada *O caminho para o poder:* "a era revolucionária começa".[62] Ele elogia esse mesmo escrito porque nele se encontra também a afirmação segundo a qual

---

[61] Paris-Moscou, Éditions Sociales et Éditions du Progrès, 1966-1976, 47 volumes. A partir daqui escreveremos: *OC*. Sempre que existentes, apresentam-se neste livro as traduções para a língua portuguesa. (N.E.)

[62] *O Estado e a revolução*, cap. VI, 2, Ed. Expressão Popular, São Paulo, 2006 p. 129.

depois do "período revolucionário de 1789 a 1871" na Europa Ocidental, começa, em 1905, um período análogo no Leste.[63]

"Quando Kautsky ainda era marxista, por exemplo em 1909, quando escreveu *O caminho para o poder*, defendia precisamente a ideia da inevitabilidade da revolução em ligação com a guerra", repetirá Lenin em 1918, na sua brochura intitulada *A revolução proletária e o renegado Kautsky*; ele falava então, com efeito, "da proximidade de uma era de revoluções".[64] Todas as condições objetivas da época atual, declara o próprio Lenin, em 1915, colocam na ordem do dia a luta revolucionária de massas do proletariado.[65] Porque, uma vez que a guerra imperialista começou a abrasar o mundo, só a revolução social do proletariado pode agora abrir o caminho à paz e à liberdade das nações.[66] Aliás, apenas algumas semanas depois da revolta dos marinheiros do couraçado Potemkin, em 1905, Lenin tinha se arriscado a prever o fim do "longo período de reação política quase ininterrupta" que tinha prevalecido na Europa desde a Comuna de Paris. Anunciava ele então:

> Entramos agora, indubitavelmente, numa nova época; iniciou-se um período de convulsões e revoluções políticas.[67]

Após a revolução "burguesa" de fevereiro de 1917, as previsões dos socialistas que não tinham se deixado "embriagar pela mentalidade belicista, selvagem e bestial" viram-se, no fim das contas, justificadas. O Manifesto adotado em 1912 na conferência socialista de Basileia tinha invocado explicitamente o precedente da Comuna de Paris, quer dizer, a transformação de uma guerra de

---

[63]   *Ibidem.*

[64]   *A revolução proletária e o renegado Kautsky* [1918], em *Obras Escolhidas* em três tomos, ed. cit., tomo 3, p. 44.

[65]   "Projeto de resolução da esquerda de Zimmerwald" [1915 – publicado pela primeira vez em 1930], *OC*, tomo xxi, pp. 359-360.

[66]   *Cf. Ibidem, OC*, tomo xxi, pp. 359-360.

[67]   *Duas táticas da social-democracia na revolução democrática*, § 2º [julho de 1905], em *Obras Escolhidas* em três tomos, ed. cit., tomo 1, p. 393. Edições de Estado de Literatura Política], 1958-1970, 58 vols.

governos em guerra civil.[68] Ora, a guerra imperialista, quer dizer, a guerra de banditismo, a guerra universal pelo estrangulamento dos povos fracos e a partilha do saque entre capitalistas, tinha começado realmente a transformar-se em guerra civil, quer dizer, em

uma guerra dos operários contra os capitalistas, dos trabalhadores e dos oprimidos contra os opressores, contra os tsares e os reis, contra os latifundiários e os capitalistas, para libertar completamente a humanidade das guerras, da miséria das massas, da opressão do homem pelo homem. Foi aos operários russos [acrescentava Lenin] que couberam a honra e a alegria de serem os primeiros a desencadear a revolução, quer dizer, a grande guerra, a única guerra justa e legítima, a guerra dos oprimidos contra os opressores... Os operários de Petersburgo venceram a monarquia tsarista.[69]

Assim se deu a transformação do conflito entre capitalistas pelos seus lucros "numa guerra dos oprimidos contra os opressores". Assim chegou o tempo da "única guerra legítima e justa, guerra sagrada do ponto de vista das massas laboriosas, oprimidas e exploradas".[70]

Porque a guerra é, segundo a fórmula de Clausewitz, "a continuação da política por outros meios".[71] Lenin dá muita impor-

---

[68] Cf. *O Socialismo e a Guerra (A atitude do POSDR em relação à guerra)*, cap. I [julho-agosto de 1915], em *Obras Escolhidas* em seis tomos, Edições "Avante!"-Edições Progresso, Lisboa-Moscou, 1984-1989, tomo 2, p. 243.

[69] "A Revolução na Rússia e as tarefas dos operários de todos os países" [12 (25) de março de 1917; publicado pela primeira vez em 1924], *OC*, tomo XXIII, p. 378. – Quanto às datas dos artigos que citamos, serão muitas vezes indicadas primeiro segundo o antigo estilo: em outras palavras, pelo calendário juliano, que a Rússia não abandonou no século XVI. Essa datação no antigo estilo será então seguida, entre parênteses, pela data correspondente no novo estilo. Assim – do mesmo modo que a Revolução de "Outubro" ocorreu, como se sabe... em novembro de 1917 –, o artigo citado acima foi publicado, segundo o nosso calendário (gregoriano), 13 dias mais tarde que o 12 de março, ou seja, em 25 de março de 1917.

[70] *IV Conferência dos sindicatos e dos comitês de fábrica de Moscou*. Relatório sobre a situação atual – 27 de junho de 1918, *OC*, tomo XXVII, p. 493.

[71] *A Guerra e a Revolução*. Conferência feita em 14 (27) de maio de 1917 [publicada pela primeira vez em 1929], em *Obras Escolhidas* em seis tomos, ed. cit., tomo 3, p. 152.

tância a essa fórmula célebre. Cita-a repetidas vezes.[72] Por isso, os citadinos e os camponeses revolucionários da França, quando derrubaram a monarquia e fundaram uma república democrática, no final do século XVIII, abalaram ao mesmo tempo até os fundamentos "toda a restante Europa autocrática, tsarista, realista e semifeudal". E a continuação inevitável dessa política da classe revolucionária que tinha triunfado na França foram as guerras em que se alinharam contra a França revolucionária os Estados monárquicos da Europa, que formaram contra ela uma coligação e desencadearam uma guerra contrarrevolucionária.[73] Pode afirmar-se, por razões estritamente idênticas, escreve Lenin, que a guerra agora mundial, que opõe a Entente (Inglaterra, França, Rússia) e os impérios centrais (Alemanha, Áustria-Hungria), é a continuação, pelos meios da violência, da política conduzida pelas classes dominantes das potências beligerantes muito antes do início das hostilidades.[74] Ela não é, portanto, uma "casualidade"; ela não é um "pecado", ao contrário do que pensam "os padres cristãos (que pregam o patriotismo, o humanitarismo e a paz de modo não pior que os oportunistas)", mas

> uma etapa inevitável do capitalismo, uma forma tão legítima da vida capitalista como a paz.[75]

Do mesmo modo que o repouso não goza, na ciência de Galileu, de nenhum privilégio físico relativamente ao seu contrário, o movimento – a paz, enquanto durar o sistema capitalista, não será em nada um estado mais "natural" do que a guerra. De resto, não é impossível pensar, acrescentarei eu, que uma vez terminado o interlúdio neoliberal que se seguiu à guerra-fria, a política mundial possa "renacionalizar-se" proximamente, quer dizer, pôr frente a

---

[72]   Ver, entre outros, *ibidem*, p. 153.
[73]   *Obras Escolhidas* em seis tomos, ed. cit., tomo 3, p. 153.
[74]   "A propósito do 'programa de paz'" [*Sotsial-Demokrat* nº 52, 25 de março de 1916], *OC*, tomo XXII, p. 177.
[75]   "A situação e as tarefas da Internacional Socialista" [*Sotsial-Demokrat* nº 33, 1º de novembro de 1914], em *Obras Escolhidas* em seis tomos, ed. cit., tomo 2, p. 175.

frente Estados fortemente militarizados; do mesmo modo que o ascenso dos nacionalismos sucedeu nos anos de 1880 ao liberalismo econômico e ao livre-câmbio, que tinham prevalecido durante os 30 anos anteriores.[76]

A guerra também não está em contradição com os princípios da propriedade privada; ela é antes o seu "desenvolvimento direto e inevitável".[77] Ela tem como objetivo a "partilha das colônias e das terras estrangeiras; os ladrões lutam entre si", e é uma "cínica mentira burguesa" invocar a derrota de um dos protagonistas, num dado momento, para "assimilar o interesse dos ladrões ao interesse do povo ou da pátria".[78] Por isso, não foi o povo russo, mas sim Nicolau II e a autocracia que, cerca de dez anos antes do conflito mundial, sofreram uma vergonhosa derrota, quando da capitulação de Port-Arthur no início de 1905. Essa derrota da autocracia até "serviu ao povo russo", afirma Lenin. Ela foi o prólogo da derrota do tsarismo.[79] Recordemos os fatos de forma abreviada: Plehve, então ministro do Interior, tinha aconselhado Nicolau II a fortalecer o seu poder levando a cabo uma "pequena guerra curta e vitoriosa" contra o Japão. Mas foram os "macacos" japoneses (expressão devida ao próprio tsar) que infligiram derrota sobre derrota às esquadras e à infantaria russas, diante de Port-Arthur (abril de 1904), acabando a cidade por se render em 2 de janeiro de 1905; depois no mar da China (agosto de 1904); em Mukden, por duas vezes (agosto-setembro de 1904, e principalmente março de 1905); e, enfim, diante de Tsushima (27-28 de maio de 1905)

---

[76] Cf. a esse respeito, B. Tertrais, *La Guerre sans fin. L'Amérique dans l'engrenage*, Paris, Seuil ("La République des Idées"), 2004, pp. 61-63 e 91-94, e também pp. 108-109 – Belicosamente.

[77] "Sobre a palavra de ordem dos Estados Unidos da Europa" [*Sotsial-Demokrat* nº 44, 23 de agosto de 1915], em *Obras Escolhidas* em três tomos, ed. cit., tomo 1, p. 571.

[78] "Os sofismas dos socialchauvinistas" [*Sotsial-Demokrat* nº 41, 1º de maio de 1915], *OC*, tomo XXI, p. 185.

[79] "A queda de Port-Arthur" [*Vperiod* nº 2, 1º (14) de janeiro de 1905], *OC*, tomo VIII, p. 47.

– batalha naval completamente decisiva, que selou definitivamente o fracasso das ambições russas.

Os socialistas, escreve Lenin em 1916, condenaram sempre as guerras entre os povos como coisa bárbara e brutal.[80] Contudo,

> só depois de o proletariado ter desarmado a burguesia ele poderá, sem trair a sua missão histórica universal, atirar para o ferro-velho todas as armas em geral, e não deixará de o fazer, mas só então e de nenhum modo antes.[81]

E, em tais condições, vinham propor aos social-democratas revolucionários que "reivindicassem" o "desarmamento", quando já há dois anos uma guerra imperialista incendeia a Europa![82] Em *O imperialismo, fase superior do capitalismo*, lemos que, com efeito, o capitalismo se transformou num sistema universal de subjugação colonial e de estrangulamento financeiro da imensa maioria da população do planeta por um punhado de países "avançados". E a partilha desse saque efetua-se entre duas ou três potências de rapina, armadas até os dentes (América, Inglaterra, Japão), que arrastam todo o planeta para a sua guerra pela partilha do seu saque.[83]

"Nós, marxistas", afirma Lenin em 1915, "distinguimo-nos tanto dos pacifistas quanto dos anarquistas pelo fato de reconhecermos a necessidade de estudar historicamente (do ponto de vista do materialismo dialético de Marx) cada guerra em particular."

> Nós, os marxistas [repete ele ainda mais explicitamente em maio de 1917], não pertencemos ao número dos adversários incondicionais de qualquer guerra. Nós dizemos: o nosso objetivo é alcançar o sistema social socialista, o qual, eliminando a divisão da humanidade em classes, eliminando toda

---

80   *O socialismo e a guerra (A atitude do Partido Operário Social-democrata perante a guerra)*, Cap. I [julho-agosto de 1915], em *Obras Escolhidas* em seis tomos, ed. cit., tomo 2, p. 229.

81   "A propósito da palavra de ordem de 'desarmamento', § 2 [Colectânea do *Sotsial-Demokrat* nº 2, dezembro de 1916], *OC*, tomo XXIII, p. 107.

82   *Ibidem*, *OC*, tomo XXIII, p. 107.

83   *O imperialismo, fase superior do capitalismo*, cap. II [janeiro-junho de 1916], em *Obras Escolhidas* em três tomos, ed. cit., tomo 1, p. 582.

a exploração do homem pelo homem e de uma nação por outras nações, eliminará inevitavelmente toda a possibilidade de guerras em geral.[84]

E esse credo constituirá durante muito tempo, note-se, um dos pilares da fé comunista: por isso a curta guerra que eclodiu entre o Vietnã e a China popular durante o ano de 1979 constituiu, deste ponto de vista, uma estreia que várias gerações de militantes comunistas teriam considerado totalmente inimaginável. "Não há dúvida de que só a revolução do proletariado pode pôr fim e porá indubitavelmente fim a todas as guerras em geral", escreve Lenin com evidente otimismo.[85] Em qualquer caso, a revolução do proletariado será

> a libertação de toda a humanidade oprimida e sofredora, porque ela porá termo a todas as formas de opressão e de exploração do homem pelo homem.[86]

Mas, por enquanto, "há guerras e guerras".[87] Se condenamos a guerra imperialista, repetirá Lenin incansavelmente, "não negamos a guerra em geral".[88] Há guerras justas e guerras injustas, guerras progressistas e guerras reacionárias, guerras de classes avançadas e guerras de classes atrasadas, guerras que servem para consolidar a opressão de classe e guerras que servem para derrubá-la. A história conheceu muitas guerras que, apesar dos horrores, das atrocidades, das calamidades e dos sofrimentos que comportam

---

[84] "A Guerra e a Revolução", conferência proferida em 14 (27) de maio de 1917 [primeira pub. *Pravda* nº 93, 23 de abril de 1929], em *Obras Escolhidas* em seis tomos, ed. cit., tomo 3, p.152.

[85] Num texto redigido em dezembro de 1921 (*Acerca das teses sobre a questão agrária do Partido Comunista Francês*, em *Obras Escolhidas* em seis tomos, ed. cit., tomo 5, p. 301).

[86] "Elementos que serviram para a elaboração do programa do POSDR" – Variante inicial da parte teórica do projeto de programa [janeiro-fevereiro de 1902 – publicado pela primeira vez em 1924], *OC*, tomo XLI, p. 28.

[87] *I Congresso de Toda a Rússia sobre o Ensino Extra-Escolar*, "Discurso sobre o Engano do Povo com as Palavras de Ordem de Liberdade e Igualdade" [19 de maio de 1919], em *Obras Escolhidas* em seis tomos, ed. cit., tomo 4, p. 248.

[88] *VIII Congresso do PCR (b)* – 18-23 de março [*Pravda*, março/abril de 1919], *OC*, tomo XXIX, p. 150.

inevitavelmente, foram "progressistas", isto é, úteis ao desenvolvimento da humanidade, porque ajudaram a destruir instituições particularmente nocivas e reacionárias (por exemplo, a autocracia ou a servidão) e os despotismos mais bárbaros da Europa (turco e russo).[89] Por vezes, as guerras foram conduzidas "no interesse dos oprimidos". Espártaco desencadeou a guerra para defender a classe dos escravos. Guerras do mesmo gênero eclodiram na época da opressão colonialista, que, prossegue Lenin, continua ainda nos nossos dias, na época da escravatura etc...

> Essas guerras eram justas; elas não podem ser condenadas.[90]

Reconhecemos perfeitamente "a legitimidade", diz ainda Lenin, "o caráter progressista e a necessidade das guerras civis", quer dizer, das guerras da classe oprimida contra aquela que a oprime, dos escravos contra os proprietários de escravos, dos camponeses servos contra os senhores de terras, dos operários assalariados contra a burguesia.[91] E, é claro, a guerra revolucionária "também é uma guerra, uma coisa igualmente penosa, sangrenta e dolorosa".[92] Em todo o caso, os adversários da revolução não deixarão de rivalizar em matéria de piedade seletiva:

> A burguesia do imperialismo internacional exterminou 10 milhões de homens, mutilou 20 milhões na "sua" guerra, guerra essa conduzida para saber quem, os abutres ingleses ou os alemães, dominará todo o mundo. Se a nossa guerra, a guerra dos oprimidos e dos explorados contra os opressores e exploradores, custar meio milhão ou um milhão de vítimas em todos os países, a burguesia dirá que as primeiras vítimas são legítimas, e as segundas criminosas.[93]

---

[89]   *O socialismo e a guerra*, in *Obras Escolhidas* em seis tomos, ed. cit., tomo 2, p. 229.

[90]   *Discurso Proferido no Comício do Museu Politécnico – em 23 de agosto de 1918*, OC, tomo XXVIII, p. 75.

[91]   *VIII Congresso do PCR (b) –* 18-23 de março de 1919, *OC*, tomo XXI, p. 309.

[92]   *I Congresso de Toda a Rússia sobre o Ensino Extra-Escolar*, "Discurso sobre o Engano do Povo com as Palavras de Ordem de Liberdade e Igualdade" [19 de maio de 1919], em *Obras Escolhidas* em seis tomos, ed. cit., tomo 4, p. 247.

[93]   *Carta aos Operários Americanos* [*Pravda* nº 178, 22 de agosto de 1918], em *Obras Escolhidas* em três tomos, ed. cit., tomo 2, p. 676.

Recordemos a frase espirituosa de Michelet: "Homens sensíveis que chorais pelos males da Revolução (com demasiada razão sem dúvida), vertei também algumas lágrimas pelos males que a provocaram."[94]

Frequentemente, ao falar do partido operário, Lenin recorre a metáforas militares. Porque os partidos socialistas não são clubes de discussão, mas organizações do proletariado em luta.[95]

> Uma época revolucionária [escreve ele em 1905] é para a social-democracia aquilo que o tempo de guerra é para um exército. É preciso multiplicar os quadros do nosso exército, pôr os seus contingentes em pé de guerra, mobilizar as forças territoriais e as reservas, chamar os que estão de licença, criar novos corpos e serviços auxiliares.[96]

Todos concordarão, declara ele ainda em 1920, em que seria "insensata e até criminosa" a conduta de um exército que não esteja preparado para dominar todos os tipos de armas, todos os meios e processos de luta que o inimigo possui ou possa possuir. "Mas isso diz ainda mais respeito à política do que à arte militar."[97]

Lenin reconhece assim de bom grado – a propósito das operações autenticamente militares – que a paz de Brest-Litovsk (que tinha sido, de fato, um verdadeiro *diktat* [submeter – alemão], amputando à Rússia um quarto da sua população e do seu solo arável) constituiu um grande movimento de retrocesso; mas sublinha que, no entanto, esse retrocesso permitiu ao poder soviético manter posições que lhe permitiram aproveitar a "trégua" para avançar vitoriosamente contra os Brancos – contra Koltchak,

---

[94] Cf. J. Michelet, *Histoire de la Révolution française* [1847], Introdução, Paris, Éditions Jean de Bonnot, 1974, tomo I, p. 105.

[95] *A Falência da II Internacional* [1915], *OC*, tomo XXI, p. 214.

[96] "Novos objetivos, forças novas" [*Vperiod* nº 9, 23 de fevereiro (8 de março) de 1905], *OC*, tomo VIII, p. 215.

[97] *A doença infantil do "esquerdismo" no comunismo*, cap. X [1920], em *Obras Escolhidas* em três tomos, ed. cit., tomo 3, p. 333.

Denikine, Iudenitch, Pilsudski, Wrangel.[98] Como é sabido, tinha sido concluído um armistício com a Alemanha logo em 2 (15) de dezembro de 1917. Mas como as condições alemãs foram consideradas exorbitantes do lado soviético, as conversações de paz prolongaram-se. Lenin só fez prevalecer o seu ponto de vista quando a situação militar se agravou ainda mais: as novas condições fixadas pela Alemanha (e aceitas pelos soviéticos no tratado que assinaram em 3 de março de 1918) eram ainda mais humilhantes. Enquanto defendia a aceitação dessa "paz imposta e infinitamente penosa", Lenin declarou perante o Comitê Executivo Central dos Sovietes da Rússia: se contatardes com a verdadeira classe laboriosa, com os operários e camponeses,

> só vereis e ouvireis uma única resposta: não podemos em nenhum caso fazer a guerra, não temos para isso a força física, o sangue sufoca-nos, como dizia um soldado. (...) O movimento revolucionário, que não tem neste momento a possibilidade de infligir ao inimigo uma resposta militar, há de erguer-se e responder; mais tarde, mas de certeza.[99]

E quando – ao fim de várias semanas de disputas – consegue ganhar uma maioria para a sua visão realista sobre essa questão de sobrevivência da revolução soviética, quando consegue por fim que o sigam nessa ideia de que é preciso saber provisoriamente perder espaço para ganhar tempo, vai constatar com algum azedume:

> Aquilo que eu tinha previsto realizou-se completamente; em vez da paz de Brest-Litovsk, obtivemos uma paz muito mais humilhante, por culpa daqueles que não quiseram aceitá-la.[100]

Um mês depois da assinatura desse tratado leonino, Lenin ainda admite que os acontecimentos impõem ao novo poder soviético

---

[98] "Sobre a importância do ouro agora e depois da vitória completa do socialismo" [*Pravda* nº 251, 6 e 7 de novembro de 1921], em *Obras Escolhidas* em três tomos, ed. cit., tomo 3, p. 556.

[99] *Relatório à Sessão do Comitê Executivo Central da Rússia de 23 de fevereiro de 1918* [publicado pela primeira vez *in extenso* em 1926], *OC*, tomo XXVII, pp. 41-42.

[100] *VII Congresso do PCR (b)* – Relatório sobre a guerra e a paz, 7 de março de 1918 [publicado pela primeira vez *in extenso* em 1923], *OC*, tomo XXVII, p. 99.

"uma tática de manobra, de expectativa e de recuo".[101] E, como continua acreditando na possibilidade da revolução na Alemanha e noutros países da Europa, acrescenta também estas palavras:

> mais vale sofrer, suportar, aguentar humilhações e cargas infinitamente mais pesadas no plano nacional e estatal, mas mantermo-nos no nosso posto de destacamento socialista, separado pela força do grosso do exército socialista e obrigado a esperar que a revolução socialista noutros países venha em nosso auxílio.[102]

E acrescenta ainda, alguns meses depois: "Encontramo-nos como que numa fortaleza assediada, enquanto não chegarem em nossa ajuda outros destacamentos da revolução socialista internacional".[103]

Com efeito, as revoluções não se fazem tão simplesmente que lhes esteja assegurado um desenvolvimento rápido e fácil. "Não houve uma única grande revolução, mesmo num quadro nacional, que não tenha atravessado um duro período de derrotas", declara Lenin ao justificar a humilhante paz de Brest-Litovsk. "Qualquer que seja a trégua, por precária, breve, dura e humilhante que seja a paz", acrescenta, esta é melhor do que a guerra, porque ela permite às massas populares "respirar".[104] A história das guerras ensina, aliás, que a paz desempenhou muitas vezes na história esse papel de trégua para reunir forças com vista a novas batalhas. Assim, escreve Lenin, a paz de Tilsit imposta por Napoleão à Prússia em 1807 foi uma humilhação muito grave para a Alemanha; mas ao mesmo tempo "foi um ponto de mudança, um ato de defesa nacional e de ascenso". Mesmo depois dessa paz, o povo alemão

---

[101] *Sessão do Comitê Executivo Central da Rússia – 29 de abril de 1918*, § 1º: Relatório sobre as tarefas imediatas do Poder Soviético [publicado pela primeira vez em 1920], *OC*, tomo XXVII, p. 301.

[102] *Ibidem.*

[103] *Carta aos Operários Americanos* [*Pravda* nº 178 – 22 de agosto de 1918], em *Obras Escolhidas* em três tomos, ed. cit., tomo 2, p. 679.

[104] *IV Congresso Extraordinário dos Sovietes de Toda a Rússia – 14-16 de março de 1918*: Relatório sobre a ratificação do tratado de paz – 14 de março de 1918, em *Obras Escolhidas* em três tomos, ed. cit., tomo 2, pp. 548-549.

resistiu; ele soube reunir as suas forças, recompor-se e conquistar o seu direito à liberdade e à independência. Nós próprios, afirma Lenin, "assinamos uma paz 'de Tilsit'". Por isso ele fustiga as declamações no sentido de que "uma paz duríssima é (...) um abismo de perdição e de que a guerra é o caminho da glória e da salvação":[105] ao fazê-lo, ele imita, note-se, o realismo lúcido de um Robespierre, que em circunstâncias análogas tinha deixado cuidadosamente aos girondinos ou a Barère o privilégio das declarações tonitruantes e das afirmações incendiárias. Vejam, por exemplo, esta declaração de Barère, quando a Convenção acabava de votar por aclamação a guerra contra a Espanha (Barère que até então, quer dizer, até 7 de março de 1793, nada tivera de um exagerado):

> Um inimigo a mais para a França não passa de mais um triunfo para a liberdade![106]

De modo idêntico, quando se tratou de apresentar, no final do ano de 1922, os resultados dos primeiros dezoito meses da NEP (Nova Política Econômica), Lenin evocou a necessidade de os revolucionários saberem assegurar o "recuo". O capitalismo de Estado constitui precisamente uma dessas "linhas de recuo". Por conseguinte, não saber recuar em boa ordem, quando, com demasiada pressa, se pretendeu desencadear uma "ofensiva econômica" e "passar diretamente" às formas puramente socialistas da organização do trabalho, é expor a revolução à morte. Sublinha ele expressamente que

> tínhamos avançado demasiado na nossa ofensiva econômica, e não tínhamos assegurado uma base suficiente, que as massas sentiam aquilo que nós ainda não sabíamos então formular de maneira consciente, mas que em breve, algumas semanas depois, reconhecemos: que a passagem direta para formas puramente socialistas, para a distribuição puramente socialista, era

---

[105] "A tarefa principal dos nossos dias" [11 de março de 1918], em *Obras Escolhidas* em três tomos, ed. cit., tomo 2, p. 536.

[106] Citado por A. Soboul, *Précis d'histoire de la révolution française* [1962], Paris, reed. Gallimard, 1970, tomo I, p. 341.

superior às forças que tínhamos e que se não estivéssemos em condições de operar um recuo, para nos limitarmos a tarefas mais fáceis, nos ameaçava a morte.[107]

***

2. Uma revolução política é também, e sobretudo, uma revolução social, uma mudança na situação das classes em que a sociedade se divide

A história das revoluções, escrevia Lenin em 1905, revela "antagonismos sociais amadurecidos ao longo de decênios e de séculos".[108] Durante o "turbilhão revolucionário" (que pode de resto prolongar-se por meses ou mesmo por anos e não deve ser entendido como um ato único),[109] uma "cólera acumulada durante séculos" exterioriza-se em ações, e não em palavras, em ações de milhões de pessoas, e não de indivíduos isolados.[110] A décadas de evolução "pacífica", "quer dizer, de uma evolução em que milhões de homens se deixam pacificamente tosquiar pelos dez mil das camadas superiores",[111] sucedem-se (como aconteceu entre o outono de 1905 e o outono de 1907) anos durante os quais a vida se torna extraordinariamente rica: as massas, que sempre permaneceram na sombra, intervêm então ativamente no palco e combatem.[112] É nesses períodos, declara Lenin, que se resolvem as

---

[107] *IV Congresso da Internacional Comunista*, 2: "Cinco anos da revolução russa e perspectivas da revolução mundial", Relatório apresentado em 13 de novembro de 1922 [*Pravda* nº 258, 15 de novembro de 1922], em *Obras Escolhidas* em três tomos, ed. cit., tomo 3, p. 621.

[108] *Jornadas revolucionárias* [*Vperiod* nº 4, 18 de janeiro de 1905], *OC*, tomo VIII, p. 98.

[109] *Que fazer?* [1902], em *Obras Escolhidas* em três tomos, ed. cit., tomo 1, p. 204.

[110] *A vitória dos cadetes e as tarefas do Partido Operário*, V [abril de 1906], *OC*, tomo X, p. 254.

[111] *Programa agrário da social-democracia na primeira revolução russa de 1905-1907* [1908], *OC*, tomo XIII, p. 231.

[112] Cf. *Jornadas revolucionárias*, *OC*, tomo VIII, p. 98.

múltiplas contradições que se acumulam lentamente nos períodos chamados de evolução pacífica.

É nesses períodos que surge com maior força o papel direto das diferentes classes na determinação das formas da vida social, que se criam os fundamentos da "superestrutura" política, a qual se mantém depois de muito tempo na base de relações de produção renovadas.[113]

Mas se é verdade, como diz Michelet, que as revoluções têm "causas infinitas, profundas, que agem do fundo dos séculos",[114] não se pode, afirma Lenin, nem provocá-las "por encomenda" nem retardá-las indefinidamente a pretexto de que o mundo, desde há lustros, continua avançando da mesma maneira...[115]

Com efeito, o que é a revolução do ponto de vista marxista? – pergunta ele. "É a destruição violenta da superestrutura política antiquada", de uma superestrutura que já não corresponde às novas relações de produção, o que provocou o seu colapso. Num dado momento do desenvolvimento, a caducidade da velha superestrutura surge a todos com toda a evidência. "Todos reconhecem a revolução".[116] Lenin não se cansa de invocar, em contextos similares, o texto do "Prefácio" de Marx à *Contribuição à crítica da Economia Política* de 1859:

na produção social da própria existência, os homens entram em relações determinadas, necessárias, independentes de sua vontade; essas relações de produção correspondem a um grau determinado de desenvolvimento de suas forças produtivas materiais. A totalidade dessas relações de produção constitui a estrutura econômica da sociedade, a base real sobre a qual se

---

[113] *Contra o boicote*, V (1907), *OC*, tomo XIII, pp. 31-32.

[114] J. Michelet, *Histoire de la Révolution française* [1847], Livro I, cap. 1, Paris, Éditions Jean de Bonnot, 1974, tomo I, p. 133.

[115] Cf. respectivamente: "Relatório à conferência dos comitês de fábrica da província de Moscou" [julho de 1918], *OC*, tomo XXVII, p. 582; e *Internacionalistas autênticos: Kautsky, Axelrod, Martov* [1915 – publicado pela primeira vez em 1924], *OC*, tomo XXI, p. 412. Axelrod, escreve Lenin nesse último texto, "quer que recordemos as raízes milenares do *knut* (chicote), mas é contra as ações que visam aboli-lo!"

[116] *Duas táticas da social-democracia na revolução democrática* – Posfácio, 2 [junho-julho de 1905], em *Obras Escolhidas* em três tomos, ed. cit., tomo 1, pp. 463-464.

eleva uma superestrutura jurídica e política e à qual correspondem formas sociais determinadas de consciência. O modo de produção da vida material condiciona o processo de vida social, política e intelectual. Não é a consciência dos homens que determina o seu ser; ao contrário, é o seu ser social que determina sua consciência. Em uma certa etapa de seu desenvolvimento, as forças produtivas materiais da sociedade entram em contradição com as relações de produção existentes, ou, o que não é mais que sua expressão jurídica, com as relações de propriedade no seio das quais elas se haviam desenvolvido até então. De formas evolutivas das forças produtivas que eram, essas relações convertem-se em entraves. Abre-se, então, uma época de revolução social. A transformação que se produziu na base econômica transforma mais ou menos lenta ou rapidamente toda a colossal superestrutura... etc.[117]

Esse célebre texto de Marx, que se tornou pouco a pouco uma espécie de evangelho teórico do *Diamat*, quer dizer, da vulgata, citava-o Lenin constantemente: fez isso, por exemplo, em 1894, quando polemizou contra os populistas liberais, na brochura intitulada *O que são os "Amigos do Povo" e como eles lutam contra os social-democratas*;[118] fez isso figurar em lugar de destaque no artigo consagrado a Karl Marx que redigiu em 1913 para a enciclopédia Granat.[119]

Assim, e para citar apenas o exemplo russo, a revolução "burguesa" de 27 de fevereiro de 1917 fez o poder passar das mãos dos latifundiários feudais (com Nicolau II à frente) para as mãos da burguesia. "Foi uma revolução social da burguesia",[120] da burguesia liberal que não pretendia de modo algum ir além de uma monarquia constitucional censitária. E quando a revolução

---

[117] Karl Marx, *Contribuição à crítica da Economia Política*, Expressão Popular, São Paulo, 2008 p. 45.

[118] *OC*, tomo I, pp. 152-153.

[119] "Karl Marx", *As três fontes*, Expressão Popular, São Paulo, 2001, p. 20.

[120] "Como os capitalistas procuram intimidar o povo" [*Pravda* nº 61, 19 de maio de 1917], *OC*, tomo XXIV, p. 450. Cf. igualmente: *O desenvolvimento do capitalismo na Rússia*, *OC*, tomo III, pp. 7-645.

foi mais longe, em direção à destruição completa da monarquia e à criação dos sovietes de deputados operários, soldados e camponeses, essa burguesia liberal "tornou-se inteiramente contrarrevolucionária".[121] Em outras palavras, "a revolução de 27 de fevereiro foi também uma revolução social".[122] E, de uma maneira mais geral, qualquer revolução política, qualquer revolução verdadeira – que não se limita a uma simples substituição de camarilhas – é uma revolução social, um "deslocamento" das classes em que a sociedade se divide.[123]

Para dizer a verdade, a revolução nas relações sociais tinha começado na Rússia com a abolição da servidão, quer dizer, em 1861. Mas cerca de 50 anos mais tarde, a "superestrutura política", a autocracia tsarista, tinha se mantido praticamente inalterada, cada vez mais "atrasada" em face dessa revolução que tinha introduzido o capitalismo nos campos.[124] Pode haver e houve revoluções burguesas em que a burguesia mercantil ou mercantil-industrial desempenhou o papel de principal força motora, escreve Lenin, embora deixando o campesinato e o elemento plebeu das cidades fornecer os exércitos que sustentaram o combate da burguesia até a sua vitória. Foi assim na Alemanha, durante a Reforma e a guerra dos camponeses do século XVI; durante a Revolução Inglesa do século XVII; e, mais ainda, na França em 1793.[125] Mas o que se passa na Rússia é muito diferente. Porque "o predomínio da população camponesa, a opressão terrificante exercida sobre essa população

---

[121] "Um deslocamento de classes" [*Pravda* nº 92, 27 de junho de 1917], em *Obras Escolhidas* em seis tomos, ed. cit., tomo 3, p. 187.

[122] "Como os capitalistas procuram intimidar o povo", *OC*, tomo xxiv, p. 450.

[123] "Um deslocamento de classes" [*Pravda* nº 92, 27 de junho de 1917], em *Obras Escolhidas* em seis tomos, ed. cit., tomo 3, p. 186.

[124] "Duas táticas" [artigo publicado em *Vperiod* nº 6, 1 de fevereiro de 1905], em *Obras Escolhidas* em seis tomos, ed, cit., tomo 1, p. 131.

[125] "Para julgar bem a revolução russa" [publicado em 19 de março de 1908, na revista polaca *Przeglad Socjaldemokratyczny* nº 2], *OC*, tomo xv, p. 55; Lenin remete aqui para o estudo de Engels intitulado "O materialismo histórico" (cf. mais adiante, nota 127).

pelos grandes latifundiários feudais (ou antes, semifeudais), a força e o nível de consciência do proletariado já organizado em partido socialista", constituem aqui outros tantos fatores que dão a essa revolução burguesa um "caráter especial". Por isso, essa conjuntura original faria da ditadura do proletariado e do campesinato uma "necessidade" absoluta para conseguir a vitória nessa revolução: porque, na Rússia, a burguesia já é contrarrevolucionária, e num país como este, sem a direção ou a iniciativa do proletariado, o campesinato não seria "nada".[126]

Na Rússia do século XX, a questão de saber qual a classe que assumirá o lugar preponderante nos movimentos revolucionários evoluiu portanto de maneira radical. Como Engels já tinha assinalado, nas três grandes revoluções da burguesia (Reforma e guerra dos camponeses na Alemanha, no século XVI, revolução inglesa no século XVII e revolução francesa no século XVIII), o campesinato forneceu os exércitos para sustentar o combate, enquanto o elemento plebeu das cidades apenas fornecia forças complementares;[127] enquanto na revolução burguesa russa – e Lenin escreve isso em 1909 –

o proletariado assume o primeiro lugar.[128]

Seria no entanto errado acreditar, afirma Lenin, que "as classes revolucionárias têm sempre força suficiente para fazer a revolução, quando essa revolução atingiu a maturidade em virtude das condições do desenvolvimento econômico e social".[129] Com efeito, a

---

[126] *Ibidem*, *OC*, tomo xv, pp. 55 e 58.

[127] Cf. F. Engels, "O materialismo histórico", Prefácio à edição inglesa de *Socialismo utópico e socialismo científico*, 1892; cf. K. Marx e F. Engels, *Études philosophiques*, Paris, Éditions Sociales, 1968, pp. 125-126. Esse prefácio, que foi traduzido por Paul Lafargue para o francês, é novamente citado por Lenin no texto da nota seguinte.

[128] *O objetivo da luta do proletariado na nossa revolução*, IV [*Sotsial-Demokrat* nº 3 e 4, 9 e 21 de março de 1909], *OC*, tomo XV, pp. 404-405.

[129] "A última palavra da tática da *Iskra* ou a comédia das eleições como mais um estímulo à insurreição"[*Proletari* nº 21, 4 (17) de outubro de 1905], *OC*, tomo ix, p. 380.

revolução pode estar madura sem que as forças – e nomeadamente a força armada – dos revolucionários chamados a realizá-la sejam suficientes.[130]

Não se pode, de resto, saber antecipadamente se vai ou não haver revolução. Porque não se trata aqui de uma verdade indiscutível, sagrada e... vazia. Os fatores subjetivos têm também o seu papel no desencadeamento das revoluções; e muitos regimes entraram em putrefação, por vezes durante décadas, sem que nenhuma força social pudesse desferir-lhes o golpe de misericórdia. Por isso, aos olhos dos marxistas, a sua própria propaganda e a propaganda de todos os operários social-democratas contam-se entre os "fatos que determinarão se haverá revolução ou não".[131] A "fé geral na revolução", observa Lenin, depois da derrota militar sofrida pela autocracia no Extremo-Oriente, é assim "o começo da revolução".[132]

***

3. Uma revolução é feita de uma série de batalhas; cabe ao partido de vanguarda fornecer em cada etapa uma palavra de ordem adaptada à situação objetiva; cabe a ele reconhecer o momento oportuno para a insurreição

A "lei fundamental da revolução", escreve Lenin em *A doença infantil* – lei confirmada por todas as revoluções, e em particular pelas três revoluções russas do século XX[133] –, consiste no seguinte:

---

[130] *Ibidem.*

[131] "A plataforma dos reformistas e a plataforma dos social-democratas revolucionários" [*Sotsial-Demokrat* n° 28-29, 5 (18) de novembro de 1912], em *Obras Escolhidas* em seis tomos, ed. cit., tomo 2, p. 73.

[132] "A Queda de Port-Arthur" [*Vperiod* n° 2, 1° de janeiro de 1905], *OC*, tomo VIII, p. 48.

[133] A saber: 1905-1907; fevereiro de 1917; outubro de 1917.

para a revolução, não basta que as massas exploradas e oprimidas tenham consciência da impossibilidade de viver como antes e exijam mudanças; para a revolução é necessário que os exploradores não possam viver e governar como antes. Só quando "os de baixo" não querem o que é velho e "os de cima" não podem continuar como antes, só então a revolução pode vencer.[134]

De resto, em 1910, Lenin declarava de maneira mais conjuntural, a propósito do Manifesto de 17 de outubro de 1905 (texto pelo qual o tsar Nicolau II tinha "outorgado" à população do Império as liberdades públicas e políticas, aceitado a expressão "sufrágio universal" e concedido uma espécie de direito de veto à Duma governamental), que esse manifesto "não assinalava o fim da luta"; mas que, muito ao contrário, ele constituía um sintoma de que "o tsarismo já não podia governar" enquanto "a revolução ainda não podia derrubá-lo". Ora, de semelhante situação, de semelhante equilíbrio de forças, acrescentava Lenin, decorria "de modo objetivamente inevitável um combate decisivo".[135]

No que se refere à "revolução popular", ela não pode ser "marcada", admite Lenin no meio de uma das numerosas polêmicas que o opõem a outros membros do partido social-democrata. Mas marcar a insurreição, acrescenta imediatamente,

se realmente a preparamos e se é possível uma insurreição popular devido às revoluções nas relações sociais que já tiveram lugar, é uma coisa perfeitamente realizável.[136]

---

[134] *A doença infantil do "esquerdismo" no comunismo*, cap. IX [1920], em *Obras Escolhidas* em três tomos, ed. cit., tomo 3, p. 325. Cf. igualmente a seguinte anotação, num plano de conferência intitulado "O Primeiro de Maio e a guerra" [abril de 1915; publicado pela primeira vez em 1929], *OC*, tomo XXXVI, p. 327: "Situações revolucionárias: os que estão em baixo já não querem, os que estão em cima já não podem".

[135] "O sentido histórico da luta dentro do Partido na Rússia" [redigido em 1910 – publicado em abril de 1911], *Obras Escolhidas* em seis tomos, ed. cit., tomo 2, p. 20.

[136] "Duas táticas" [*Vperiod* nº 6, 1º (14) de fevereiro de 1905], em *Obras Escolhidas* em seis tomos, tomo 1, p. 132. – Trata-se aqui de uma das discussões que opunham Lenin a Martinov, um dos defensores do "economismo", que depois do II Congresso do POSDR foi um dos redatores da "nova *Iskra*" menchevique.

As palavras de ordem, certamente, devem ser consideradas como "conclusões práticas da análise de classe de uma situação histórica concreta", e não como "talismãs" dados de uma vez para sempre a um partido ou a uma tendência.[137] Para os revolucionários, dirá Lenin um pouco mais tarde contra os "otzovistas" (que falavam de "revolução" a toda a hora),[138] não basta aprender de cor as palavras de ordem:

> é preciso aprender igualmente a escolher o momento oportuno para as lançar.[139]

Em outras palavras, a hora da revolução não é previsível. Mas, em período revolucionário, "seria um crime imenso dos revolucionários se perdessem o momento".[140]

Lenin não pára de repetir que a hora da revolução não pode ser objeto de uma previsão. De 1901 a 1905, escreverá ele em 1915, passaram-se quatro anos; ora, em 1901 ninguém na Rússia podia jurar que a primeira revolução contra o absolutismo rebentaria quatro anos mais tarde. Do mesmo modo, ninguém pode jurar, continua ele, que a revolução surgirá na Europa "dentro de quatro anos". Mas "que existe uma situação revolucionária, é um fato que foi previsto em 1912 e que se produziu em 1914".[141] Ninguém, repetiu ele em 1918, poderia "garantir" em novembro de 1904 que dois meses mais tarde 100 mil operários de Petersburgo se dirigiriam ao Palácio de Inverno e desencadeariam uma grande

---

[137] "Sobre alguns traços da desagregação atual" [*Proletari* nº 32, 2 (15) de julho de 1908], *OC*, tomo xv, p. 162.

[138] *Otzovistas*: grupo de bolcheviques dirigido por A. Bogdanov, que reclamavam a retirada (em russo: *otziv*) dos deputados social-democratas da terceira Duma de Estado e que consideravam inútil a presença dos revolucionários nas organizações legais.

[139] "Uma caricatura do bolchevismo" [Suplemento do nº 44 do *Proletari*, 4 (17) de abril de 1909], *OC*, tomo xv, p. 412.

[140] *Carta aos membros do CC* [24 de outubro (6 de novembro) de 1917: publicada pela primeira vez em 1924], em *Obras Escolhidas* em três tomos, ed. cit., tomo 2, p. 389.

[141] "O oportunismo e a falência da II Internacional" [1915; publicado pela primeira vez em 1924]. Cf. *Obras Escolhidas* em seis tomos, ed. cit., tomo 2, pp. 279-290.

revolução. Tal como "nós não poderíamos garantir, em dezembro de 1916, que dois meses mais tarde a monarquia tsarista seria derrubada em alguns dias".[142] E ao apelar uma e outra vez à revolução mundial que pudesse vir em auxílio dos sovietes, volta a dizer: "A revolução internacional está próxima, mas não existe horário segundo o qual ela possa ocorrer."[143]

Nem por isso os dirigentes operários podem limitar-se, ao contrário dos liberais ou dos inimigos da revolução, a reconhecê-la depois de ela eclodir.

> É antes do seu advento que os revolucionários a preveem, que tomam consciência da sua inevitabilidade, que fazem compreender a sua necessidade às massas e lhes explicam as vias e os métodos.[144]

E quando estão reunidas as condições objetivas de uma crise política profunda, os mínimos conflitos

> podem assumir uma importância considerável, servir de pretexto, ser a gota de água que faz transbordar o copo, marcar o início de uma mudança na opinião pública.[145]

Os revolucionários devem, então, saber criar a ocasião ou, pelo menos, devem saber aproveitá-la. Pois é verdade que nas épocas revolucionárias "a situação objetiva muda tão rápida e bruscamente como corre rapidamente a vida em geral".[146] Napoleão, escreverá Lenin no fim da sua vida, disse: *"On s'engage et puis... on voit."* [Lançamo-nos e depois... logo vemos. – francês] "E nós, em outu-

---

[142] *IV Conferência dos Sindicatos e dos Comitês de Fábrica de Moscou – reunida de 27 de junho a 2 de julho de 1918*, § 2º: Discurso pronunciado no encerramento dos debates sobre o relatório sobre a situação atual/28 de junho de 1918, *OC*, tomo XXVII, p. 512.

[143] *VI Congresso Extraordinário dos Sovietes de Deputados Operários, Camponeses, Cossacos e Soldados do Exército Vermelho – 6-9 de novembro de 1918*, *OC*, tomo XXVIII, p. 166.

[144] "Os marxistas revolucionários na conferência socialista internacional (5-8 de setembro de 1915)" [*Sotsial-Demokrat* nº 45-46, 11 de outubro de 1915], *OC*, tomo XXI, p. 408.

[145] "Reflexões sobre o período atual" [*Proletari* nº 38, 1 (14) de novembro de 1908], *OC*, tomo XV, p. 296.

[146] *Cartas de longe*, Carta 3: "Da milícia proletária" [redigido em 1917; publicado em 1924], *OC*, tomo XXIII, p. 359.

bro de 1917, iniciamos primeiro o combate sério (...). E hoje não há dúvida de que, no fundamental, alcançamos a vitória."[147] Esperar equivale à morte; "decidir a questão obrigatoriamente hoje à noite ou de madrugada", declarou Lenin resolutamente, na noite de 24 para 25 de outubro de 1917, quando, a partir do Instituto Smolni, lançou a palavra de ordem de insurreição contra um governo provisório já suspenso no vazio.[148] Quanto àqueles que o censuraram pelo seu "aventureirismo" e que acharam nesse momento que o empreendimento era pelo menos muito arriscado, ele ter-lhes-á sem dúvida respondido remetendo-os para esta expressão de Marx, que caracteriza primorosamente o seu próprio estilo:

> seria naturalmente muito cômodo fazer a história mundial se a luta só fosse empreendida com a condição de probabilidades infalivelmente favoráveis.[149]

Nem por isso a marcha da revolução deve ser concebida como um processo linear: nem como coisa de uma única "grande noite", nem como uma simples mudança em função da qual todo o curso da história poderia inverter-se sem regresso. É preciso "ter uma concepção da história verdadeiramente de menino de escola para imaginar a coisa sem 'saltos', sob a forma de uma linha reta ascendendo lenta e regularmente".[150] Quem "admite" uma revolução do proletariado apenas "sob a condição" de que se desenvolva de modo fácil e sem transtornos, de que haja imediatamente uma

---

[147] "Sobre a nossa revolução" – A propósito das memórias de N. Sukhanov, II [1923], *OC*, tomo XXXIII, p. 493.

[148] *Carta aos membros do CC* [24 de outubro (6 de novembro) de 1917], em *Obras Escolhidas* em seis tomos, ed. cit., tomo 2, pp. 279-290.

[149] *Prefácio à tradução russa das cartas de K. Marx a L. Kugelmann* [1907], em *Obras Escolhidas* em seis tomos, ed. cit., tomo 1, p. 313. Cf. a carta de Marx a Kugelmann, em K. Marx, J. Marx e F. Engels, *Cartas a Kugelman*, Paris, Éditions Sociales, 1971, p. 190; com efeito, Kugelmann tinha manifestado dúvidas acerca da justeza do desencadeamento da insurreição da Comuna (*loc. cit.*, p. 190, notas 2 e 3). [Cf. K. Marx e F. Engels, *Obras Escolhidas* em três tomos, ed. cit., tomo 2, p. 458. N.E.]

[150] "A ditadura democrática revolucionária do proletariado e do campesinato" [*Vperiod* nº 14, 12 de abril de 1905], em *Obras Escolhidas* em seis tomos, ed. cit., tomo 1, p. 165.

ação conjunta dos proletários de diferentes países, de que seja dada de antemão uma garantia contra as derrotas, de que o caminho da revolução seja longo, livre, direito, de que para vencer não seja temporariamente necessário aceitar os sacrifícios mais duros, "ocultar-se numa fortaleza assediada" ou se meter pelos atalhos montanhosos mais estreitos, intransitáveis, sinuosos e perigosos – "não é um revolucionário", escreve V. Lenin.[151] E cita Tchernichevski, a quem pertencia essa conhecida fórmula: "A atividade histórica não é o passeio da avenida Nevski".[152]

A avenida Nevski, em São Petersburgo, é, como se sabe, uma artéria retilínea de 4,5 quilômetros, que liga o mosteiro Aleksandr Nevski ao pavilhão do Almirantado, ou seja, à embocadura do rio Neva, perto do golfo da Finlândia.

E não se pode imaginar a própria revolução

como um ato único:[153] [a revolução será] uma rápida sucessão de explosões mais ou menos violentas, alternando com períodos de calma mais ou menos profunda,[154]

uma "época de tempestuosas convulsões" políticas e econômicas, da mais aguda luta de classes, de guerra civil, de revoluções e contrarrevoluções.[155] Um dos maiores e mais perigosos erros cometidos pelos revolucionários depois de iniciarem uma grande revolução, lê-se a esse propósito num texto de 1922, é o de "imaginarem que a revolução pode ser levada a cabo pelos revolucionários".[156] Porque estes nunca conseguem desempenhar mais do que um papel de

---

[151] *Carta aos operários americanos* [*Pravda* nº 178, 22 de agosto de 1918], em *Obras Escolhidas* em três tomos, ed. cit., tomo 2, pp. 673-674.

[152] *Ibidem*, p. 673. – Cf. N. Tchernichevski, [*Textos econômicos escolhidos*], Moscou, Edições de Estado de Literatura Política, 1948, tomo II, p. 550.

[153] *Que fazer?* [março de 1902], em *Obras Escolhidas* em três tomos, ed. cit., tomo 1, p. 204.

[154] *Ibidem*.

[155] "Sobre a palavra de ordem dos Estados Unidos da Europa" [*Sotsial-Demokrat* nº 44, 23 de agosto de 1915], em *Obras Escolhidas* em três tomos, ed. cit., tomo 1, p. 569.

[156] "Sobre o significado do materialismo militante" [*Pod Známeniem Marksizma*, nº 3 – março de 1922], em *Obras Escolhidas* em três tomos, ed. cit., tomo 3, p. 563.

"vanguarda" – de uma vanguarda que sabe não se destacar da massa que conduz. Essa "série de batalhas" (e não essa "batalha única") que é preciso travar por transformações econômicas e democráticas em todos os domínios, "que só terminarão com a expropriação da burguesia",[157] essa transição do capitalismo para o socialismo parecerá antes, para retomar uma fórmula de K. Marx, um "longo período de 'dores de parto'" porque a violência é sempre a parteira da velha sociedade.[158]

***

4. Os grandes problemas da vida dos povos nunca são resolvidos senão pela força

"Para Marx", observa V. Lenin, "o Estado é um órgão de dominação de classe, um órgão de submissão de uma classe por outra; é a criação de uma 'ordem' que legalize e consolide essa submissão, amortecendo a colisão das classes".[159] O Estado, escreve Lenin algumas páginas mais adiante,

> é a organização especial de uma força, da força destinada a subjugar determinada classe.[160]

O Estado antigo e o Estado feudal, como afirmou Engels, foram antes de mais nada os órgãos por meio dos quais os proprietários de escravos, e depois os nobres, puderam reprimir e explorar os escravos e os servos. De igual modo, o Estado representativo moderno é o instrumento da exploração do trabalho assalariado pelo

---

[157] Cf. "O proletariado revolucionário e o direito das nações à autodeterminação" [por volta de outubro de 1915; publicado pela primeira vez em 1927], em *Obras Escolhidas* em seis tomos, ed. cit., tomo 2, p. 273.

[158] "Os que estão assustados com a falência do velho e os que lutam pelo novo" [janeiro de 1918; publicado pela primeira vez em janeiro de 1929], em *Obras Escolhidas* em seis tomos, ed. cit., tomo 3, p. 355. Cf. as cartas de K. Marx a W. Liebknecht de 6 de abril de 1871 e a L. Kugelmannn de 12 de abril de 1871.

[159] *O Estado e a revolução*, cap. I, 1, Expressão Popular, São Paulo, 2007, p. 25.

[160] *Idem*, cap. II, p. 43.

capital:[161] com efeito, a república burguesa mais democrática não é "mais do que uma máquina para a repressão da (...) massa dos trabalhadores por um punhado de capitalistas".[162]

"O exército permanente e a polícia", afirma ainda Lenin, "são os instrumentos fundamentais da força do poder estatal"[163] – o que, assinalemos de passagem, pode ter exceções notáveis no período de globalização neoliberal (pensemos na multiplicação das polícias ou outras milícias privadas, que constituem há muitos anos verdadeiras instituições em certas grandes cidades da América Latina; ou, ainda, no quadro da atual ocupação do Iraque, no fato de que a organização da tortura parece ter sido delegada em parte a organizações privadas, até certo ponto independentes do Pentágono e do governo dos EUA).[164] Por isso, podemos ler em *O Estado e a revolução*, aquele que reconhece unicamente a luta de classes "ainda não é marxista...". A doutrina da luta de classes é mesmo, de uma maneira geral, ainda "aceitável para a burguesia"; e aliás Marx não a tinha criado.[165] "Só é marxista aquele que estende o reconhecimento da luta de classes ao reconhecimento da ditadura do proletariado.[166] Quem a nega ou só a reconhece

---

[161] Cf. *Ibidem*, cap. I, 3; em *Obras Escolhidas* em três tomos, ed. cit., tomo 2, p. 230. – Trata-se aqui de uma citação por Lenin da obra de F. Engels *A origem da família, da propriedade privada e do Estado* [1884], Edições "Avante!", Lisboa, 2002, p. 208.

[162] *I Congresso da Internacional Comunista – 2-6 de março de 1919* – Teses e relatórios sobre a democracia burguesa e a ditadura do proletariado, em 4 de março [publicadas no *Pravda* nº 51, 6 de março de 1919], em *Obras Escolhidas* em três tomos, ed. cit., tomo 3, p. 77.

[163] *O Estado e a revolução*, cap. I, 2; Expressão Popular, São Paulo, 2007, p. 27.

[164] Cf. X. Renou, *La Privatisation de la violence. Mercenaires & sociétés militaires privées au service du marché*, Paris, Agone ("Dossiers noirs"), 2006.

[165] *O Estado e a revolução*, cap. II, 3; Expressão Popular, São Paulo, 2007, p. 52. Cf. As numerosas declarações de F. Engels, ou do próprio Marx, salientando que Thierry, Mignet, Guizot ou Thiers já haviam descrito os grandes acontecimentos da história passada (e nomeadamente a Revolução Francesa) em termos de conflitos que opunham entre si classes sociais antagônicas (cf. por exemplo, *Ludwig Feuerbach e o fim da Filosofia Alemã Clássica*, em K. Marx e F. Engels, *Obras Escolhidas* em três tomos, ed. cit., tomo 3, p. 412; ou ainda a carta de Engels a Heinz Starkenburg, datada de 25 de janeiro de 1894).

[166] *O Estado e a revolução*, cap. II, 3; Expressão Popular, São Paulo, 2007, p. 52.

verbalmente, escrevia Lenin alguns meses antes, "não pode ser membro do partido social-democrata".[167] É essa, insiste ele muitas vezes, "a questão essencial do movimento operário moderno em todos os países capitalistas".[168] Veja-se igualmente o que ele escrevia numa nota de 1920, intitulada "Contribuição para a história da questão da ditadura":

> Quem não tiver compreendido a necessidade da ditadura de qualquer classe revolucionária para alcançar a vitória não compreendeu nada da história das revoluções ou não quer saber nada nesse domínio.[169]

E quando a Rússia atravessa, entre fevereiro e outubro de 1917, esse período histórico tão original durante o qual todos concordam em constatar a existência de uma dualidade de poderes, quando o Soviete de deputados soldados e operários de Petrogrado e o Governo Provisório se observam numa confrontação ainda indecisa, essa situação, escreve Lenin, dá lugar

> a uma confusão, a uma amálgama de duas ditaduras: a ditadura da burguesia (porque o governo de Lvov e Cia. é uma ditadura, quer dizer, um poder que se apoia não na lei, não na expressão prévia da vontade popular, mas num golpe de força, operado por uma classe determinada, no caso a burguesia) e a ditadura do proletariado e do campesinato (o Soviete de deputados operários e soldados).[170]

"Não há qualquer dúvida" (Lenin proclama isso durante o mês de setembro) de que "essa 'confusão' não pode durar muito tempo. Porque não podem existir dois poderes num Estado" – a dualidade do poder refletia apenas um período transitório do desenvolvimento da revolução, o período em que esta última "foi além de uma revolução democrática burguesa vulgar, mas ainda

---

[167] *Sobre uma caricatura do marxismo e sobre o "economismo imperialista"* [agosto-outubro de 1916 – publicado pela primeira vez em 1924], em *Obras Escolhidas* em seis tomos, ed. cit., tomo 3, p. 49.

[168] *Contribuição para a história da questão da ditadura, OC*, tomo XXXI, p. 352.

[169] *Ibidem, OC*, tomo XXXI, p. 352.

[170] *As tarefas do proletariado na nossa revolução (Projeto de plataforma para o partido do proletariado)* [setembro de 1917], *OC*, tomo XXIV, p. 53.

não chegou a uma ditadura do proletariado e do campesinato 'em estado puro'".[171]

Para dizer de uma maneira um pouco diferente,

A questão mais importante de qualquer revolução é sem dúvida a questão do poder de Estado. Nas mãos de que classe está o poder, isso é o que decide tudo.[172]

Porque o proletariado necessita do poder de Estado, de uma organização centralizada da força, de uma organização da violência, tanto para reprimir a resistência dos exploradores quanto para dirigir a imensa massa da população – campesinato, pequena burguesia, semiproletários – na obra de organização da economia socialista.[173] Tentar efetuar, por meio desse aparelho de Estado, reformas como a abolição sem indenizações da grande propriedade agrária ou o monopólio dos cereais etc., é a maior das ilusões, é enganar a si próprio e ao povo. Esse aparelho pode servir a uma burguesia republicana instituindo uma república que é uma "monarquia sem monarca", como a Terceira República na França, mas é absolutamente incapaz de aplicar reformas, já não dizemos para abolir, mas mesmo para cercear ou limitar seriamente os direitos do capital, os direitos da "sacrossanta propriedade privada".[174] Basta pensar, mais perto de nós, no destino das nacionalizações efetuadas na França durante o governo de Pierre Mauroy (1981-1984): 1. aquisição pelo Estado, ao mais alto preço, das ações das empresas nacionalizáveis (50 bilhões de FF, ou seja, 7,5 bilhões de euros); 2. "reestruturações industriais", por vezes asseguradas por antigos dirigentes sindicais reconvertidos para o efeito em agentes do Estado; 3. desnacionalizações neoliberais. A ideia de Marx, observa Lenin, era que a classe operária deve quebrar, demolir (*zerbrechen*) a "máquina do Estado que encontra

---

[171]   *Ibidem*, *OC*, tomo XXIV, p. 53.
[172]   *Uma das questões fundamentais da revolução* [*Rabótchi Put* nº 10, 14 (27) de setembro de 1917], em *Obras Escolhidas* em três tomos, ed. cit., tomo 2, p. 201.
[173]   *O Estado e a revolução*, cap. II, 1; Expressão Popular, São Paulo, 2007, p. 44.
[174]   Cf. *Uma das questões fundamentais da revolução*, em *Obras Escolhidas* em três tomos, ed. cit., tomo 2, pp. 203.

montada", e não limitar-se à sua conquista.[175] "Destruir a máquina burocrática e militar do Estado": essas poucas palavras, prossegue ele, condensam a grande lição do marxismo a propósito do papel do proletariado revolucionário com relação ao Estado.[176] De resto, cada revolução, ao destruir o aparelho de Estado, mostra-nos da maneira mais evidente "uma luta de classes descoberta".[177]

Num período revolucionário, não basta conhecer a "vontade da maioria"; "não; é preciso ser o mais forte, no momento decisivo e no lugar decisivo; é preciso vencer"![178] Nas questões concretas da revolução, invocar a opinião da maioria do povo como prova

> é oferecer o modelo das ilusões pequeno-burguesas, é recusar-se a reconhecer a necessidade de vencer na revolução as classes inimigas, de derrubar o poder político que as defende.[179]

Começando pela "guerra dos camponeses" na Idade Média na Alemanha, e continuando por todos os grandes movimentos e todas as grandes épocas revolucionárias, incluindo os anos de 1848 e 1871, incluindo 1905, vemos inúmeros exemplos, escreve Lenin em julho de 1917, "que mostram uma minoria melhor organizada, mais consciente, melhor armada, impondo a sua vontade à maioria e vencendo-a".[180]

---

[175] Cf. a carta de Marx a Kugelmann de 12 de abril de de 1871 – carta escrita, como se vê pela data, durante a Comuna. [Ver *Obras Escolhidas* em três tomos, ed. cit., tomo 2, p. 457 – N.E.]

[176] *O Estado e a revolução*, cap. III, 1; Expressão Popular, São Paulo, 2007, p. 57

[177] *Ibidem*, cap. I, 2; em *Obras Escolhidas* em três tomos, ed. cit., tomo 2, p. 228.

[178] "Ilusões constitucionais" [agosto de 1917], *OC*, tomo XXV, p. 218.

[179] *Diário de um publicista*, 1 [setembro de 1917], *OC*, tomo XXV, p. 319.

[180] "Ilusões constitucionais" [agosto de 1917], *OC*, tomo XXV, pp. 218-219. E, sobre as formas de transição do capitalismo para o socialismo, Lenin invocava muitas vezes esta frase escrita por Engels na sua *A origem da família, da propriedade privada e do Estado* (cf. ed. cit., p. 209): "O direito universal de voto é a medida da maturidade da classe operária. No Estado hodierno, não pode nem nunca será mais do que isso". Lenin cita isso em 1917, no primeiro capítulo de *O Estado e a revolução*, e considera mesmo que o texto de Engels equivale a qualificar o sufrágio universal como "instrumento de dominação da burguesia" (Expressão Popular, São Paulo, 2007, p. 32); e regressa ao tema ainda no final de 1918, em *A revolução proletária e o renegado Kautsky*, quando acusa Kautsky de "eludir a essência burguesa da democracia contemporânea" (*Obras Escolhidas* em três tomos, ed. cit., tomo 3, p. 15); etc.

Declara igualmente Lenin, em polêmica com Kautsky, que

em qualquer revolução profunda, a regra é que os exploradores, que durante uma série de anos conservam sobre os explorados grandes vantagens de fato, opõem uma resistência prolongada, obstinada e desesperada.[181]

Por consequência, supor que numa revolução minimamente séria e profunda é simplesmente a relação entre a maioria e a minoria que decide o êxito ou o fracasso do movimento revolucionário, "é a maior estupidez, é o mais tolo preconceito digno de um vulgar liberal; é enganar as massas, esconder-lhes uma verdade histórica manifesta".[182] Com efeito, durante muito tempo depois da revolução, os exploradores conservam inevitavelmente

uma série de enormes vantagens de fato: mantêm o dinheiro (não é possível suprimir o dinheiro de imediato), certos bens móveis, frequentemente consideráveis, conservam as relações, os hábitos de organização e de administração, o conhecimento de todos os "segredos" (costumes, processos, meios, possibilidades) da administração, conservam uma instrução mais elevada, a proximidade com o pessoal técnico superior (que vive e pensa à maneira burguesa), conservam (e isto é muito importante) uma experiência infinitamente superior na arte militar etc. etc.[183]

Se, além disso, os exploradores forem derrotados num só país, eles continuam a ser no entanto mais fortes do que os explorados, porque as suas "relações internacionais" são enormes.[184] Assim, nas condições da Rússia de 1905, não basta "'acabar juntos' com a autocracia, quer dizer, derrubar completamente o governo autocrático"; é ainda necessário "'repelir juntos' as tentativas inevitáveis, encarniçadas, de restauração da autocracia". E o "repelir juntos", aplicado a uma época revolucionária, não é "senão a ditadura democrática revolucionária do proletariado e do campesinato, a participação do proletariado

---

[181] *A revolução proletária e o renegado Kautsky*, em *Obras Escolhidas* em três tomos, ed. cit., tomo 3, p. 23.

[182] *Ibidem.*

[183] *Ibidem, Obras Escolhidas* em três tomos, ed. cit., tomo 3, p. 22.

[184] *Ibidem.*

no governo revolucionário".[185] De resto, alguma vez se viu, quando um país capitalista se formou sobre uma base mais ou menos livre e democrática, que a liberdade política tenha sido conquistada sobre a classe feudal sem uma "encarniçada resistência"?[186] A Comuna foi uma ditadura do proletariado; Marx e Engels censuraram-na por ter utilizado com insuficiente energia a sua força armada para reprimir a resistência dos exploradores, e consideraram que essa foi uma das causas da sua morte.[187] Perguntava Engels:

> E se a Comuna de Paris não tivesse se servido da autoridade de um povo armado contra a burguesia, acaso teria se mantido mais do que um dia? Não podemos, inversamente, censurar-lhe o ter se servido excessivamente pouco desta autoridade?[188]

Por isso "uma vitória efetiva e completa da revolução só pode ser uma ditadura", já dizia Marx que, seguramente, precisa Lenin, "pensava na ditadura (quer dizer, um poder que nada limita) da massa sobre um grupo insignificante, e não o contrário".[189] "A ditadura", escreve ele em 1916, "é a dominação de uma parte da sociedade sobre toda a sociedade, (...) dominação que se apoia diretamente na violência. A ditadura do proletariado, como única classe revolucionária até o fim, é necessária para derrubar a bur-

---

[185] "Sobre o governo revolucionário provisório" [*Proletari* n. 2 e 3, 21 e 27 de maio de 1905], *OC*, tomo VIII, p. 469.

[186] *As três fontes*, III, Expressão Popular, São Paulo, 2001, p. 69. Cf. igualmente *O Estado e a Revolução*, cap. V, 2, Expressão Popular, São Paulo, 2007, p. 106: "o progresso, isto é, a evolução para o comunismo, se opera através da ditadura do proletariado, e não pode ser de outro modo, pois não há outro meio a não ser a ditadura, nem outro agente a não ser o proletariado para quebrar a resistência dos capitalistas exploradores."

[187] "Os que estão assustados com a falência do velho e os que lutam pelo novo" [janeiro de 1918; primeira publicação: *Pravda* nº 18, 22 de janeiro de 1929], em *Obras Escolhidas* em seis tomos, ed. cit., tomo 3, p. 355. – Cf. a carta de K. Marx a W. Liebknecht de 6 de abril de 1871, bem como a carta, já citada, a L. Kugelmann de 12 de abril de 1871.

[188] *A revolução proletária e o renegado Kautsky*, em *Obras Escolhidas* em três tomos, ed. cit., tomo 3, p. 21. – Ver F. Engels, "Da autoridade" (1873), em K. Marx e F. Engels, *Obras Escolhidas* em três tomos, ed. cit., tomo 2, p. 410.

[189] "O proletariado e o seu aliado na revolução russa" [*Proletari* nº 10, 20 de dezembro de 1906], *OC*, tomo XI, p. 390.

guesia e rechaçar as suas tentativas contrarrevolucionárias."[190] O que é um traço necessário, a condição obrigatória da ditadura, é

a repressão violenta dos exploradores como classe e, por conseguinte, a violação da democracia pura, isto é, da igualdade e da liberdade em relação a essa classe.[191]

Estará certo – finge Lenin perguntar – que o povo aplique semelhantes meios de luta, tão ilegais, irregulares, não metódicos e não sistemáticos? Estará certo que o povo exerça a violência contra os opressores do povo? "Sim, isso está muito certo. É a manifestação mais elevada da luta do povo pela liberdade."[192]

Ter desarmado os suspeitos, ter afastado das nossas assembleias, onde se deliberava sobre a salvação pública, os inimigos reconhecidos da revolução, declarava Robespierre no seu tempo,

todas essas coisas eram ilegais, tão ilegais como a revolução, como a queda do trono e da Bastilha, tão ilegais como a própria liberdade![193]

É necessário um poder inabalável, é necessária "violência e coação", repetirá Lenin em plena Revolução de Outubro de 1917.[194] Porque para vencer os crimes, os atos de banditismo, de corrupção, de especulação, e as infâmias de toda a espécie que semelhante período nunca deixa de suscitar, será necessário "tempo" e "uma mão de ferro".[195] Quando os republicanos burgueses, acrescenta

---

[190] *Sobre uma caricatura do marxismo e sobre o "economismo imperialista"* [agosto-outubro de 1916; publicado em 1924], em *Obras Escolhidas* em seis tomos, ed. cit., tomo 3, p. 49.

[191] *A revolução proletária e o renegado Kautsky*, em *Obras Escolhidas* em três tomos, ed. cit., tomo 3, p. 24.

[192] *A vitória dos cadetes e as tarefas do Partido Operário*, V [abril de 1906], *OC*, tomo x, pp. 254-255.

[193] M. Robespierre, Sessão da Convenção Nacional, 5 de novembro de 1792, in *Textes Choisis par J. Poperen*, Paris, Éditions Sociales, 1973, tomo II, pp. 52-53.

[194] "Discurso Pronunciado no Primeiro Congresso da Marinha de Guerra da Rússia", em 22 de novembro (5 de dezembro) de 1917 – Ata, *OC*, tomo XXVI, p. 357. Cf. "O exército revolucionário e o governo revolucionário" [*Pravda* nº 7, 27 de junho (10 de julho) de 1905], *OC*, tomo VIII, p. 571: "só a força pode resolver os grandes problemas históricos".

[195] "A situação internacional da república dos sovietes e as tarefas essenciais da revolução socialista" [abril de 1918], *OC*, tomo XXVII, pp. 273-274.

Lenin, derrubavam os tronos, "não se preocupavam com a igualdade formal dos monárquicos com os republicanos". Quando se trata de derrubar a burguesia,

> só traidores ou idiotas podem reclamar uma igualdade formal de direitos para a burguesia.[196]

Pensamos aqui nestas palavras de Jean-Paul Marat: "É pela violência que devemos estabelecer a liberdade, e chegou o momento de organizar momentaneamente o despotismo da liberdade, para esmagar o despotismo dos reis."[197]

Assim, "em qualquer transição do capitalismo para o socialismo, a ditadura é necessária por duas razões principais": primeira, não se pode vencer e desarraigar o capitalismo "sem esmagar de maneira implacável a resistência dos exploradores", os quais não deixarão de multiplicar, durante um período bastante longo, as tentativas para derrubar o odiado poder dos pobres; segunda, "qualquer grande revolução, especialmente uma revolução socialista, mesmo se não existe uma guerra externa, é inconcebível sem guerra interna, isto é, sem guerra civil, que significa uma ruína ainda maior do que a provocada pela guerra externa; que significa milhares e milhões de casos de vacilações e de deserções de um campo para o outro; que significa um estado da maior indeterminação, de desequilíbrio e de caos".[198]

Como as grandes questões da vida dos povos só são resolvidas "pela força",[199] aqueles que ficam tão atemorizados por ela, tão oprimidos pelo seu domínio, que choram ao verem uma luta de classes extremamente aguda, aqueles que pedem aos socialistas o impossível, exigindo deles que a vitória completa seja alcançada sem esmagar a resistência

---

[196] *Carta aos operários americanos* [*Pravda* nº 178, 22 de agosto de 1918], em *Obras Escolhidas* em três tomos, ed. cit., tomo 2, p. 678.

[197] Citado em A. Soubol, *Histoire de la révolution française*, Paris, Gallimard "Idées *nrf*", 1962, tomo I, p. 358.

[198] *As tarefas imediatas do poder soviético* [1918], em *Obras Escolhidas* em três tomos, ed. cit., tomo 2, p. 578.

[199] *Duas táticas da social-democracia na revolução democrática* – Posfácio, 3 [junho-julho de 1905], em *Obras Escolhidas* em três tomos, ed. cit., tomo 1, p. 466.

dos exploradores[200] – esses, segundo Lenin, são comparáveis a Kautsky. A Kautsky, que "está do fundo do coração com a revolução", mas apenas com a condição de que esta... decorra sem luta séria e não comporte nenhuma ameaça de destruição![201] Numa palavra, o que eles exigem é a "revolução sem revolução", exclama Lenin, que encontra uma vez mais acentos e formas de argumentação inteiramente conformes com as que utilizara Robespierre.[202] Porque uma revolução verdadeira é um processo "de agonia da velha ordem social e de renascimento da nova ordem social, de um novo modo de vida de dezenas de milhões de homens". A revolução é a luta de classes e a guerra civil mais agudas, mais furiosas, mais encarniçadas.[203] Portanto, "Na história não houve uma só grande revolução sem guerra civil".[204]

Quem tem medo dos lobos, acrescenta Lenin, não se meta pelo bosque![205]

E depois, no Estado burguês mais democrático, as massas oprimidas se confrontam constantemente com

> a contradição flagrante entre a igualdade formal, que a "democracia" dos capitalistas proclama, e os milhares de limitações e subterfúgios reais que fazem dos proletários escravos assalariados.[206]

---

[200] Cf. *Terceiro Congresso dos Sovietes de Deputados Operários, Soldados e Camponeses da Rússia* – Relatório sobre a atividade do Conselho dos Comissários do Povo, 11 (24) de janeiro, em *Obras Escolhidas* em três tomos, ed. cit., tomo 2, p. 468.

[201] *A revolução proletária e o renegado Kautsky* [1918], *OC*, tomo XXVIII, p. 108.

[202] *Ibidem*, em *Obras Escolhidas* em três tomos, ed. cit., tomo 3, p. 69. – Cf. M. de Robespierre, Discurso de 5 de novembro de 1792 (discurso proferido na tribuna da Convenção, – em resposta à acusação de "ditadura" que Jean-Baptiste Louvet acabava de formular contra Robespierre: com efeito, uma contraofensiva girondina tinha seguido de perto aquilo a que os historiadores se habituaram a chamar os "massacres de setembro"): "Cidadãos, queríeis uma revolução sem revolução? (...) Quem pode assinalar, depois dos fatos, o ponto preciso em que se devem quebrar as ondas da insurreição popular? A esse preço, que povo poderia alguma vez sacudir o jugo do despotismo?", *in Textes Choisis* par J. Poperen, *op. cit.*, tomo II, p. 54.

[203] *Conservarão os bolcheviques o poder de Estado?* [escrito em setembro-outubro de 1917), em *Obras Escolhidas* em três tomos, ed. cit., tomo 2, p. 351.

[204] *Ibidem*.

[205] *Ibidem*.

[206] *A revolução proletária e o renegado Kautsky* [1918], em *Obras Escolhidas* em três tomos, ed. cit., tomo 3, p. 17.

Essa contradição, escreve Lenin, abre precisamente os olhos das massas "para a podridão, a falsidade e a hipocrisia do capitalismo".[207] A passagem, depois de 1861, à nova economia burguesa, essa passagem da velha disciplina feudal do arrocho, da disciplina imposta pelas humilhações e as violências mais insensatas, as mais cínicas e mais grosseiras, para a disciplina burguesa, para a disciplina da fome, a disciplina da chamada contratação livre, que era de fato a disciplina da escravidão capitalista, não foi mais do que a substituição de uma categoria de exploradores por outra. Uma minoria de rapinantes e de exploradores do trabalho do povo cedia o lugar a outra minoria de outros rapinantes e de outros exploradores do trabalho do povo: os grandes latifundiários cederam o lugar aos capitalistas, uma minoria sucedeu a outra minoria, as amplas massas das classes laboriosas e exploradas continuaram esmagadas.[208] Depois da reforma mesquinha e bastarda que Alexandre II promulgou a partir de 1861, o poder do dinheiro, que esmagou até o camponês francês liberto do poder senhorial por uma poderosa revolução popular, "abateu-se com todo o seu peso", escreve Lenin, "sobre o nosso camponês semisservo". O poder do dinheiro não só esmagou o campesinato mas também o dividiu:

uma massa imensa foi continuamente se arruinando e transformou-se em proletários; de uma minoria destacou-se um punhado de *kulaks* [camponeses ricos – russo] e camponeses empreendedores, pouco numerosos mas ávidos, que tomaram conta das explorações camponesas e das terras dos camponeses e que constituíram a nascente burguesia rural.[209]

Portanto, a "democracia", na sociedade capitalista, nunca pode ser mais do que

---

[207] *Ibidem.*

[208] *Discurso pronunciado no I Congresso dos Conselhos da Economia Rural* – 26 de maio de 1918, *OC*, tomo xxvii, p. 440.

[209] "O partido operário e o campesinato" [*Iskra* nº 3, abril de 1901], em *Obras Escolhidas* em seis tomos, ed. cit., tomo 1, p. 30.

uma democracia mutilada, miserável, falsificada, uma democracia só para os ricos, para a minoria.[210]

É por isso que a autocracia não constitui nem a única nem a última das muralhas que o proletariado tem de derrubar. Declarará Lenin em 1919:

> Todos são iguais, independentemente das ordens, todos são iguais, o milionário e o maltrapilho; assim falavam, assim pensavam, era nisso que acreditavam sinceramente os maiores revolucionários da época que ficou na história como a da grande Revolução Francesa. A revolução avançava contra os senhores da terra sob a palavra de ordem de igualdade, e aquilo a que se chamava igualdade era que o milionário e o operário deviam gozar de direitos iguais. A revolução [bolchevique] foi mais longe. Ela diz que a "igualdade" (...) é um logro se for contrária à libertação do trabalho da opressão capitalista.[211]

Lenin gosta de repetir que a "democracia capitalista" autoriza os oprimidos, de três em três ou de seis em seis anos, a decidir qual o membro da classe dirigente que os representará e os reprimirá no Parlamento![212] Lê-se em *O Estado e a revolução*:

> Reparem em qualquer país de parlamentarismo, desde a América à Suíça, desde a França à Noruega etc. – a verdadeira tarefa "governamental" é feita por detrás dos bastidores e são os ministérios, as secretarias, os Estados-maiores que a fazem. Nos Parlamentos, só se faz tagarelar, com o único intuito de enganar a "plebe".[213]

Ressalta que o marxismo de Lenin coincide, neste ponto muito preciso e por razões diametralmente opostas, com as imprecações "antiocidentalistas" de um Pobedonostsev e dos mais reacionários dos eslavófilos do fim do século XIX. Num

---

[210] *O Estado e a revolução*, cap. V, 2, Expressão Popular, São Paulo, 2007, p. 107.

[211] *I Congresso de Toda a Russia sobre o Ensino Extra-Escolar*, IV – 6-19 de maio de 1919, *OC*, tomo XXIX, p. 360.

[212] Cf. nomeadamente *O Estado e a revolução*, cap. V, 2, Expressão Popular, São Paulo, 2007, pp. 104-105. Ou ainda *O Estado e a revolução,* cap. III, 3, p. 64. Trata-se, aliás, de uma citação de Marx ("A guerra civil na França", ver *A revolução antes da revolução*, vol. II, Expressão Popular, São Paulo, 2008).

[213] *O Estado e a revolução*, cap. III, 3, Expressão Popular, São Paulo, 2007, p. 65.

regime democrático de tipo ocidental, escrevia Pobedonostsev (1827-1907), preceptor arquiconservador de Alexandre III e teórico da autocracia, "são aqueles que sabem reunir e combinar com habilidade os sufrágios que sobem ao poder – com os seus amigos políticos; são os mecânicos hábeis no jogo das molas ocultas atrás dos bastidores que fazem mover as marionetas no palco das eleições democráticas".[214] Os capitalistas, declara por sua vez Lenin,

> sempre chamaram "liberdade" à liberdade de obter lucros para os ricos, à liberdade dos operários de morrerem de fome.[215]

Democracia de uma minoria, das classes possuidoras, dos ricos – tal é o democratismo da sociedade capitalista.[216] Mas, na realidade, os pobres não terão a vida mais fácil só porque o operário será proclamado igual a Riabuchinski e o camponês igual ao grande latifundiário que possui 12 mil deciatinas.[217] Os homens, escreve Lenin em 1913,

> Politicamente, os homens foram sempre as vítimas ingênuas dos outros e deles próprios, e serão sempre enquanto não tiverem aprendido a discernir por trás das frases, das declarações e das promessas morais, religiosas, políticas e sociais, os interesses destas ou daquelas classes.[218]

Indo ao encontro da tradição nominalista, anterior ao próprio Marx, vinda de Epicuro, de Hobbes e, claro está de Helvetius,

---

[214] "Democracia nova", em C.-P. Pobedonotsev, *Questions religieuses, sociales et politiques. Pensées d'un homme d'État*, Paris, Baudry et Cie. 1897, p. 30 – Cf. o nosso estudo, J. Salem, "Critiques de la démocratie parlementaire dans la Russie de la fin du XIXe siècle: Constanin Petrovitch Pobedonostsev, théoricien de l'autocracie", *Revue de Métaphysique et de Morale*, 2005, 1, pp. 127-149.

[215] *I Congresso da Internacional Comunista* – 2-6 de março de 1919, [publicado em 1920 (ed. alemã) e 1921 (ed. russa)], em *Obras Escolhidas* em três tomos, ed. cit., tomo 3, p. 79.

[216] *O Estado e a revolução*, cap. V, 2, Expressão Popular, São Paulo, 2007, p. 104.

[217] *Congresso Extraordinário dos Ferroviários da Rússia* de 5-30 de janeiro (18 de janeiro-12 de fevereiro) de 1918, *OC*, tomo XXVI, p. 518. P. P. Riabuchinski: milionário moscovita; 1 deciatina = 1,0925 hectare (12 mil deciatinas correspondem portanto a cerca de 13 mil hectares, ou seja, 130 km²).

[218] *As três fontes*, III, Expressão Popular, São Paulo, 2001, p. 69.

filósofo que Plekhanov comentou amplamente,[219] Lenin previne constantemente o seu leitor contra o "abuso das palavras", que, diz ele, é "um fenômeno muito corrente em política":[220] alguns dias antes da revolução de fevereiro de 1848, Thiers, "esse gnomo monstruoso", esse representante mais acabado da corrupção política da burguesia, cheirando a aproximação de um levante popular, não ousou reclamar-se do "partido da revolução"?[221]

De fato, "a melhor forma da democracia, a melhor república democrática, é o poder sem grandes latifundiários e sem ricos",[222] a democracia proletária, o poder dos Sovietes, que trabalha em benefício da imensa maioria da população, dos explorados, dos trabalhadores.[223] Por isso se pode dizer que "a democracia proletária, de que o poder dos sovietes é uma das forças, desenvolveu e alargou como nunca no mundo a democracia, precisamente para a gigantesca maioria da população, para os explorados e os trabalhadores".[224]

Lenin cita abundantemente esta apreciação de Engels a propósito da Comuna de Paris:

> Nunca viram uma revolução, esses senhores [os antiautoritários, os partidários de Bakunin]? Uma revolução é certamente a coisa mais autoritária que há; é o ato pelo qual uma parte da população impõe à outra parte a sua vontade por meio de espingarda, baioneta e canhões, meios autoritários por excelência; e o partido vitorioso, se não quer ter combatido em vão, deve continuar esse

---

[219] Cf. por exemplo, os três estudos que G. Plekhanov publicou em alemão em Estugarda, em 1896, sob o título *Ensaios sobre a história do materialismo*: I. D'Holbach; II. Helvetius; III. Marx; *in Obras Filosóficas*, Moscou, Edições Progresso, s/d, tomo II, pp. 5-182. Poder-se-á referir por outro lado a principal obra de Helvetius (*Do Espírito*), e mais precisamente o cap. IV do Discurso primeiro, capítulo intitulado: "Do abuso das palavras"; Paris, Fayard ("Corpus des Oeuvres de Philosophie en Langue Française"), 1998, pp. 42-55.

[220] *Duas táticas da social-democracia na revolução democrática* – Posfácio, II [junho-julho de 1905], em *Obras Escolhidas* em três tomos, ed. cit., tomo 1, p. 463.

[221] Cf. K. Marx, "A guerra civil na França", ver *A revolução antes da revolução*, vol. II, Expressão Popular, São Paulo, 2008.

[222] *Congresso dos Ferroviários..., OC*, tomo XXVI, p. 518.

[223] *A revolução proletária e o renegado Kautsky* [1918], em *Obras Escolhidas* em três tomos, ed. cit., tomo 3, pp. 17-18.

[224] *Ibidem*.

domínio com o terror que as suas armas inspiram aos reacionários. Teria a Comuna de Paris durado um só dia, se não se tivesse servido dessa autoridade do povo armado face aos burgueses? Não se lhe pode reprovar, ao contrário, o não ter se servido bastante largamente dela?[225]

Por isso Lenin pode igualmente declarar sem rodeios: "A substituição do Estado burguês pelo Estado proletário não é possível sem revolução violenta."[226] E recorda naturalmente a conclusão da *Miséria da Filosofia* e do *Manifesto comunista*, "com a declaração orgulhosa e aberta da inevitabilidade da revolução violenta".[227] O desenvolvimento pacífico de qualquer revolução, em geral, é "coisa extraordinariamente rara e difícil...".[228]

Porque essa "furiosa luta de classes agudizada ao extremo que se chama revolução" assumiu necessariamente, inelutavelmente, sempre e em todos os países, a forma da "guerra civil"; ora, a guerra civil é inconcebível sem as mais pesadas destruições, sem terror, sem restrições impostas à democracia formal no interesse da guerra.[229] Essas convicções não justificam de modo algum, entretanto, a "mentira oportunista" segundo a qual "a preparação da insurreição e, em geral, o tratamento da insurreição como uma arte, é 'blanquismo'".[230] Bernstein, nas suas *Premissas do*

---

[225] Cf. F. Engels, "Da autoridade", 1873, em K. Marx e F. Engels, *Obras Escolhidas* em três tomos, ed. cit., tomo 2, p. 410; citado por V. Lenin em *A revolução proletária e o renegado Kautsky* [1918], em *Obras Escolhidas* em três tomos, ed. cit., tomo 3, p. 13. Lenin parece ter uma verdadeira predileção por esse texto de Engels, que cita e comenta muitas vezes; cf. entre outros: *Obras Escolhidas* em três tomos, ed. cit., tomo 2, p. 264 [*O Estado e a revolução*, cap. IV, 2], e também a p. 72 deste livro, nota 188.

[226] *O Estado e a revolução*, cap. I, 4; Expressão Popular, São Paulo, 2007, p. 39.

[227] *Ibidem.*

[228] "A revolução russa e a guerra civil. Assustam-nos com a guerra civil" [setembro de 1917], em *Obras Escolhidas* em três tomos, ed. cit., tomo 2, p. 213. Cf. *VIII Congresso do PCR (b)* – 18-23 de março de 1919, *OC*, tomo XXIX, p. 151: "Como se tivesse havido na história uma única grande revolução que não tenha sido acompanhada de guerra!"

[229] Carta aos operários americanos [*Pravda* nº 178, 22 de agosto de 1918], em Obras Escolhidas em três tomos, ed. cit., tomo 2, p. 674.

[230] "O marxismo e a insurreição – Carta ao Comitê Central do POSDR (b)" [13-14 de setembro de 1917; publicado pela primeira vez em 1921], em *Obras Escolhidas* em três tomos, ed. cit., tomo 2, p. 308.

socialismo (obra datada de 1899 que, segundo Lenin, o tornou célebre à maneira de Eróstrato[231]), tinha sido o primeiro a falar assim de "blanquismo" a propósito do marxismo revolucionário. Responde Lenin:

Para ter êxito, a insurreição deve se apoiar não numa conjura, não num partido, mas na classe avançada. Isso em primeiro lugar. A insurreição deve se apoiar no ascenso revolucionário do povo. Isto em segundo lugar. A insurreição deve se apoiar naquele ponto de mudança na história da revolução em crescimento em que a atividade das fileiras avançadas do povo seja maior, em que sejam mais fortes as vacilações nas fileiras dos inimigos e nas fileiras dos amigos fracos, hesitantes e indecisos da revolução. Isso em terceiro lugar. Essas são as três condições da colocação da questão da insurreição que distinguem o marxismo do blanquismo.[232]

E, já em 1916, Lenin recordará nesse sentido a "justeza da luta" tradicionalmente conduzida pelo seu partido "contra o terror como tática".[233] É sabido que um irmão mais velho de Lenin, o estudante Aleksandr Ulianov, tinha sido enforcado em 8 de maio de 1887 por ter projetado um atentado contra o tsar Alexandre III. Mais do que outros, por conseguinte, o jovem Lenin (ia então fazer 17 anos) pudera meditar sobre a grandeza mas também sobre os limites desse idealismo misturado com espírito de sacrifício que havia sido tão comum nos revolucionários russos, nomeadamente desde o princípio dos anos de 1870.

Inversamente, escreve também Lenin, quando se procurava (nomeadamente no *Vorwärts*) interpretar num sentido insípido e oportunista a célebre introdução de Engels a *As lutas de classes na França*, de Marx (introdução em que ele tinha salientado, em 1895, que "o tempo dos ataques de surpresa, das revoluções levadas a cabo

---

[231] Cf. *O Estado e a revolução*, Expressão Popular, São Paulo, 2007, pp. 68-69.

[232] "O Marxismo e a insurreição – Carta ao Comitê Central do POSDR (b)" [13-14 de setembro de 1917; publicado pela primeira vez em 1921], em *Obras Escolhidas* em três tomos, ed. cit. tomo 2, p. 308.

[233] *Discurso pronunciado no Congresso do Partido Social-democrata Suíço em 4 de novembro de 1916*, *OC*, tomo XXIII, p. 135.

por pequenas minorias conscientes à frente das massas inconscientes já passou"[234]), o próprio Engels se indignava com isso: achava "vergonhoso" que se pudesse admitir que ele fosse "um adepto pacífico da legalidade a qualquer preço".[235] Quando a revolução está em ascenso, as explosões espontâneas são inevitáveis.

Nunca houve, não pode haver uma única revolução sem isso.[236]

Nenhum dos grandes problemas da história jamais foi resolvido a não ser pela força, escreve Lenin em 1905.[237] E porque

só combates encarniçados, a saber, as guerras civis, podem libertar a humanidade do jugo do capital,[238]

deveremos dizer, referindo-nos de novo às palavras de Marx e Engels, que a violência é "a parteira de toda a velha sociedade grávida de uma sociedade nova".[239]

É evidente que isso não impede de modo algum que se adapte a tática dos revolucionários (a dos combates de rua, nomeadamente)

---

[234] Introdução de F. Engels a K. Marx, "As lutas de classes na França de 1848-1850", ver *A revolução antes da revolução*, vol. II, Expressão Popular, São Paulo, 2008. Embora tenha sido redigida por Marx entre janeiro e outubro de 1850, essa obra (composta na sua maior parte por artigos que tinham sido quase imediatamente publicados nos quatro primeiros números da *Neue Reinische Zeitung*) só apareceu em brochura com esse título em 1895.

[235] "Chauvinismo morto e socialismo vivo (Como reconstituir a Internacional?)" [*Sotsial-Demokrat* nº 35, 12 de dezembro de 1914], *OC*, tomo XXI, p. 91.

[236] "Os heróis da Internacional de Berna" [junho de 1919], *OC*, tomo XXIX, p. 401.

[237] "O proletariado combate, a burguesia insinua-se no poder" [*Proletari* nº 10, 2 de agosto (20 de julho) de 1905], *OC*, tomo IX, p. 180. Ver também "A luta do proletariado e o servilismo burguês" [*Proletári*, 3 de julho (20 de junho) de 1905], *OC*, tomo VIII, pp. 547-548: "as grandes questões históricas só se resolvem no fim das contas pela força"; ou ainda: *Obras Escolhidas* em três tomos, ed. cit., tomo 1, p. 392 (*Duas táticas da social-democracia na revolução democrática*, § 2 [julho de 1905]).

[238] *Relatório sobre a Revolução de 1905* [redigido em 1917; primeira publicação: *Pravda* nº 18, 22 de janeiro de 1925], *OC*, tomo XXIII, p. 276.

[239] *O Estado e a revolução*, I, 4; Expressão Popular, São Paulo, 2007, p. 37; cf. p. ex., F. Engels, *Anti-Duhring*, Paris, Éditions Sociales, 1956, p. 216. Num texto de 1918 intitulado "Palavras proféticas" (*Obras Escolhidas* em seis tomos, ed. cit., tomo 3, p. 457) Lenin cita de novo esse texto de Engels, invocando além disso (a título de comparação) as páginas de *A alegria de viver* em que Émile Zola descreveu de maneira muito espetacular as dores que numa mulher acompanham um parto particularmente difícil (ed. GF-Flammarion, p. 321 e seg.). O mesmo tema e a mesma citação, num texto muito anterior, datado de outubro de 1902: cf. *OC*, tomo VI, p. 263.

às condições da Rússia e do novo século. Assim o constatava Lenin, ao retirar lições da insurreição que, antes de sofrer uma sangrenta repressão, quase tinha colocado Moscou nas mãos dos insurgentes entre 10 e 14 de dezembro de 1905: "a técnica militar já não é o que era em meados do século XIX"! Opor, como disse Engels, a multidão à artilharia nas longas avenidas retilíneas e defender as barricadas com revólveres seria uma "estupidez". Moscou nem por isso deixou de promover uma "nova tática de barricadas".[240] Essa tática era a da guerra de guerrilhas. A organização que ela exigia eram os destacamentos móveis muito pequenos: grupos de dez, de três e até de dois homens.[241]

***

5. Os socialistas não devem renunciar à luta pelas reformas

Convém evidentemente, diz Lenin, se precaver contra as ilusões (constitucionais ou outras) muito frequentemente induzidas pelo conceito geral de "transição" no qual se pode ocultar (e onde nove décimos dos social-democratas oficiais da nossa época ocultam) a negação da revolução![242]

Nem por isso se deve "divinizar" o conceito de revolução.[243] É aqui, sublinha Lenin repetidas vezes, que os verdadeiros revolucionários com maior frequência têm partido o pescoço – quando começaram escrevendo "revolução" com maiúscula, erigindo a

---

[240] Fórmula que Lenin vai buscar em K. Kautsky. Lenin acrescenta que teve razão ao escrever que era tempo, depois de Moscou, de temperar as dúvidas formuladas pelo velho Engels, e de rever um tanto essa incredulidade que ele acabara por manifestar relativamente às possibilidades de êxito de uma insurreição urbana no século XX.

[241] "As lições da insurreição de Moscou" [*Proletari* nº 2, 29 de agosto de 1906], em *Obras Escolhidas* em três tomos, ed. cit., tomo 1, p. 477.

[242] *A revolução proletária e o renegado Kautsky* [novembro de 1918], em *Obras Escolhidas* em três tomos, ed. cit., tomo 3, p. 74.

[243] "Revolução vitoriosa" [maio-junho de 1905, publicado pela primeira vez em 1926], *OC*, tomo VIII, p. 543 – "Divinizar": no texto russo.

"revolução" a algo quase divino, perdendo a cabeça, perdendo a capacidade de compreender, de pesar e de verificar com o maior sangue-frio e lucidez

em que momento, em que circunstâncias e em que domínio de ação se deve saber passar à ação reformista.[244]

O que distingue uma "mudança reformista" de uma "mudança não reformista" num dado regime político é, em geral, diz Lenin, que no primeiro caso o poder permanece nas mãos da antiga classe dominante e, no segundo, o poder passa das mãos dessa classe para as mãos de uma nova classe.[245] As reformas são concessões obtidas da classe dominante, mantendo-se a sua dominação. A revolução é a derrota da classe dominante.[246]

Só os reformistas burgueses (cujas posições foram de fato adotadas pelos Kautsky, Turati, Merrheim[247]) podem colocar a questão do seguinte modo, afirma ele alguns meses antes das revoluções de fevereiro e de outubro de 1917: ou renunciar à revolução e realizar reformas ou nenhuma reforma.[248]

Quem é que ignora que nós, os social-democratas, não somos contra a luta pelas reformas, mas que, ao contrário dos social-patriotas, dos oportunistas e dos reformistas, não nos limitamos a essa ação, que a subordinamos à luta pela revolução?

---

[244] "Sobre a importância do ouro agora e depois da vitória completa do socialismo" [*Pravda* nº 251, 6 e 7 de novembro de 1921], em *Obras Escolhidas* em três tomos, ed. cit., tomo 3, p. 552.

[245] "Uma disparidade crescente", IV [*Prosvechénie* nos 3 e 4, março-abril de 1913], *OC*, tomo XVIII, p. 588.

[246] "Resposta às perguntas de um jornalista americano" [*Pravda* nº 162, 25 de julho de 1919], em *Obras Escolhidas* em seis tomos, ed. cit., tomo 4, p. 324.

[247] Turati: socialista italiano de tendência reformista (um "Millerand italiano", diz Lenin a seu respeito [*OC*, tomo VIII, p. 392]); Merrheim: sindicalista francês. Lenin acusará os dois, assim como Kautsky – depois de agosto de 1914 – de pacifismo oco, que fazia pouco caso das novas possibilidades que a guerra abria à revolução.

[248] "Projeto de teses de um apelo à comissão socialista internacional e a todos os partidos socialistas" [redigido antes de 25 de dezembro de 1916; publicado pela primeira vez em 1931], *OC*, tomo XXIII, p. 235.

escreve ele na mesma época.[249] Os "revisionistas" tomam as reformas pela realização parcial do socialismo. Os anarcossindicalistas, ao contrário, rejeitam o "trabalho miúdo" e em particular a utilização da tribuna parlamentar – esta última tática leva a "espreitar os 'grandes dias', sem saber reunir as forças que criam os grandes acontecimentos".[250] Os socialistas não podem renunciar à luta pelas reformas; eles devem também

> votar, por exemplo, nos Parlamentos a favor de todas as melhorias, por menores que sejam, da situação das massas, por exemplo, a favor do aumento das ajudas aos habitantes das regiões devastadas, a favor da redução da opressão nacional etc.[251]

Os social-democratas não são hostis à luta pelas reformas, mas

> ao contrário dos social-patriotas, dos oportunistas e dos reformistas, a subordinam à luta pela revolução,

escreve ele também, em 1916.[252] Se é bem verdade que, durante os períodos normais, as "concessões" servem frequentemente para enganar e corromper,[253] se – por definição – as reformas são concessões obtidas da classe dominante, mantendo-se a sua dominação,[254] mantém-se que o partido da classe operária deve saber não renunciar a aceitar esses "pagamentos por conta", para usar a expressão de Friedrich Engels.[255] Os revolucionários nunca esquecerão

---

[249] *Carta aberta a Charles Naine, membro da Comissão Socialista Internacional em Berna* [dezembro de 1916; publicado pela primeira vez em 1924], *OC*, tomo XXIII, p. 246.

[250] "As divergências no movimento operário europeu" [*Zvezda* nº 1, 16 de dezembro de 1910], *OC*, tomo XVI, pp. 371-372.

[251] *II Conferência Internacional de Kienthal* – 11-17 de abril de 1916 [publicado pela primeira vez em 1927], *OC*, tomo XLI, pp. 381-382.

[252] *Carta aberta a Charles Naine, membro da Comissão Socialista Internacional em Berna* [dezembro de 1916; publicado pela primeira vez em 1924], *OC*, tomo XXIII, p. 246.

[253] "A plataforma da social-democracia revolucionária", II [*Proletari* n. 14 e 15, 4 e 25 de março de 1907], *OC*, tomo XII, p. 215.

[254] "Respostas às perguntas de um jornalista americano" [*Pravda* nº 162, 25 de julho de 1919], em *Obras Escolhidas* em seis tomos, ed. cit., tomo 4, p. 324.

[255] "A plataforma da social-democracia revolucionária", II [*Proletari* n. 14 e 15, 4 e 25 de março de 1907], *OC*, tomo XII, p. 215. Engels exprimira-se assim numa carta a Turati, datada de 26 de janeiro de 1894: *A futura revolução italiana e o Partido Socialista*, em K. Marx e F. Engels, *Obras Escolhidas* em três tomos, ed. cit., tomo 3, p. 509.

que há casos em que o próprio inimigo cede uma posição para desunir os atacantes e derrotá-los mais facilmente. Nunca esquecerão que é unicamente não perdendo de vista nem por um momento o "objetivo final", avaliando cada passo do "movimento" e cada reforma particular do ponto de vista da luta revolucionária no seu conjunto, que se pode preservar o movimento contra passos em falso e erros desonrosos.[256]

Quanto às simples promessas de reforma, elas devem por razões óbvias ser acolhidas com a mais vigilante reserva. Assim, em 1905, quando o tsar Nicolau II, sob a pressão dos acontecimentos,[257] prometeu conceder à população do Império as liberdades públicas e políticas,[258] Lenin teve estas palavras sarcásticas:

Prometo-vos tudo o que quiserdes, diz o tsar, desde que me deixeis o poder, desde que me permitais cumprir eu próprio as minhas promessas. É a isso que se reduz o Manifesto imperial, e compreende-se que ele não podia deixar de estimular o povo à luta decisiva. Outorgo tudo, salvo o poder, declara o tsarismo. Tudo é miragem, salvo o poder, responde o povo revolucionário.[259]

"Marx disse em 1848 e em 1871 que existem, numa revolução, momentos em que abandonar uma posição ao inimigo sem combate desmoraliza mais as massas do que uma derrota sofrida em combate".[260] Se, "no momento em que a pandilha versalhesa tentava perfidamente apoderar-se das armas do proletariado parisiense", os

---

[256] "Os perseguidores dos *zemstvos* e os Aníbais do liberalismo", VI [*Zariá*, n. 2-3, dezembro de 1901], *OC*, tomo v, p. 71. Cf. no mesmo sentido, *Notas de um publicista*, § II – "Cegueira liberal" [*Pravda Truda* nº 3, 13 de setembro de 1913], *OC*, tomo xix, p. 414: "Separem a luta a favor das reformas da luta a favor do objetivo final; é a isso que se resumem os sermões de Bernstein".

[257] "Domingo sangrento" (9 de janeiro de 1905); incêndios de propriedades nos campos; capitulação de Port-Arthur (abril); desastre naval de Tsushima (15 de maio); greve geral...

[258] Alude-se aqui ao Manifesto de 17 de outubro de 1905, de que já falamos.

[259] "O desenlace está próximo" [*Proletari* nº 25, 3 (16) de novembro de 1905], *OC*, tomo ix, pp. 466-467.

[260] V. I. Lenin, "O significado histórico da luta no seio do partido na Rússia", II [redigido em 1910 – publicado em 1911], *OC*, tomo xvi, p. 407; Lenin faz aqui alusão aos artigos que Marx e Engels tinham publicado em 1851-1852 no *New York Daily Tribune* (ver *A revolução antes da revolução*, vol. I) assim como a uma carta de Marx a Kugelmann datada de 17 de abril de 1871 [ver K. Marx e F. Engels, *Obras Escolhidas* em três tomos, ed. cit., tomos 2, pp. 458-459 – N.E.].

operários as tivessem abandonado sem combate, escreve Lenin, o prejuízo da desmoralização que essa fraqueza teria semeado no movimento proletário teria sido "infinitamente mais grave do que as perdas sofridas pela classe operária no combate em defesa das suas armas".[261] O mês de dezembro do ano de 1905 teria constituído, no fim das contas, um momento semelhante na história da revolução russa: as "dez mil vítimas" de que fala Gaston Leroux (o "pai" de Rouletabille, que foi também grande repórter no *Matin*), a "terrificante repressão" que venceu a insurreição de 22-31 de dezembro de 1905 em Moscou,[262] as "violências", o "despotismo asiático" de que as autoridades deram provas durante e depois dessa revolução inacabada – tudo isso, todas essas "duras lições" não terão sido em vão.[263] Por isso, em 1910 o povo russo já não é aquilo que era antes de 1905: o proletariado, segundo Lenin, ensinou-lhe a lutar.[264]

E, para voltar à Comuna de Paris, por mais pesados que tenham sido os sacrifícios que ela fez, estes são compensados pela importância que ela tem para a luta geral do proletariado: "ela revelou a força da guerra civil"; ela ensinou o proletariado europeu "a colocar concretamente os problemas da revolução socialista".[265] Por certo, os bolcheviques não combatem

> para sermos vencidos, mas para sairmos vencedores. E, no pior dos casos, contamos com um êxito parcial.[266]

---

[261] "Os ensinamentos da Comuna" [*Zagranitchnaia Gazeta* nº 2, 23 de março de 1908], *OC*, tomo XIII, p. 501.

[262] Cf. G. Leroux, *L'Agonie de la Russie blanche*, Paris, Éditions des Autres, 1978, pp. 240 e 244 [27 e 31 de dezembro de 1905].

[263] Cf. "Os ensinamentos da revolução" [*Rabotchaia Gazeta* nº 1, 30 de outubro (12 de novembro) de 1910], *OC*, tomo XVI, p. 321.

[264] Cf. "Os ensinamentos da revolução" [*Rabotchaia Gazeta* nº 1, 30 de outubro (12 novembro) de 1910], *OC*, tomo XVI, p. 321. O próprio Gaston Leroux vai ao ponto de reconhecer que "uma tão lenta derrota" demonstrou "a força da revolução".

[265] "Os ensinamentos da Comuna", *OC*, tomo XIII, p. 501.

[266] *VII Conferência de abril de toda a Rússia do POSDR (b)* (Conferência de abril) – 24-29 de abril (7-12 de maio) de 1917: § 3º– Discurso de encerramento da discussão do relatório sobre o momento atual, 24 de abril (7 de maio) [publicado pela primeira vez em 1921], em *Obras Escolhidas* em três tomos, ed. cit., tomo 2, p. 65.

Mas, se as grandes guerras da história, as grandes tarefas das revoluções foram levadas a bom termo, foi unicamente porque as classes avançadas renovaram o seu assalto mais de uma vez e fizeram com que a experiência das derrotas servisse para a edificação da vitória. Os exércitos derrotados aprendem bem.[267]

As classes revolucionárias da Rússia foram derrotadas nessa primeira campanha [de 1905-1907] mas a situação revolucionária se mantém, observa Lenin em 1909.[268]

Nas suas *Cartas de longe*, que escreve no princípio de 1917 quando ainda se encontra na Suíça, em Zurique, Lenin desenvolve assim a metáfora segundo a qual a primeira revolução russa, embora tenha sido seguida de uma "contrarrevolução", de 1907 a 1914, nem por isso deixou de constituir um imenso "ensaio geral" da revolução em curso.

A "revolução de oito dias", escreve ele a propósito da Revolução de Fevereiro de 1917, que tinha levado ao poder temporariamente os Gutchkov e os Miliukov,[269] foi mesmo "representada (...) depois de uma dezena de ensaios gerais e parciais". Mas, continua ele, para que os atores (que se conheciam uns aos outros, conheciam os seus papéis, os seus lugares, o seu cenário de uma ponta à outra) fossem conduzidos a uma nova confrontação, a um confronto desta vez decisivo, foi necessário ainda um grande, poderoso, onipotente "diretor": um diretor capaz, por um lado, de acelerar enormemente o curso da história universal e, por outro lado, de

---

[267] "No caminho" [*Sotsial-Demokrat* nº 2, 28 de janeiro de 1909], em *Obras Escolhidas* em três tomos, ed. cit., tomo 1, p. 482.

[268] *Ibidem.*

[269] Gutchkov e Miliukov foram respectivamente ministros da Guerra e dos Negócios Estrangeiros no primeiro governo provisório (2 de março – 3 de maio de 1917). O primeiro estava à frente dos "Outubristas" (partido fundado depois de o tsar ter publicado o seu Manifesto de 17 (30) de outubro de 1905); o segundo foi uma das figuras principais do Partido Constitucional-Democrata (K-D, daí: cadetes) – partido constituído em janeiro de 1906. Os Outubristas, muito ligados aos meios dos negócios, tinham apoiado quase sem reservas a política interna e externa do governo tsarista; quanto aos cadetes, mais sensíveis ao modelo britânico, representavam essencialmente a burguesia liberal e monárquica.

gerar crises mundiais, econômicas, políticas, nacionais e internacionais de intensidade inaudita. Esse diretor onipotente, que é além disso um acelerador extraordinário da história, "foi a guerra mundial imperialista".[270]

Além disso, não só a derrota instrui, mas também "as revoluções vencem... mesmo quando sofrem uma derrota".[271]

> Consideremos a grande Revolução Francesa. Não é por acaso que ela é chamada grande. Para a sua classe, para a classe que ela serviu, para a burguesia, ela fez tanto que todo o século XIX, esse século que deu a civilização e a cultura a toda a humanidade, decorreu sob o signo da Revolução Francesa. Em todos os recantos do mundo, esse século não fez mais que pôr em prática, realizar por partes, concluir aquilo que fora criado pelos grandes revolucionários franceses da burguesia, a cujos interesses serviam, ainda que não tivessem consciência disso, encobrindo-se com palavras sobre a liberdade, a igualdade e a fraternidade.[272]

A Revolução Francesa, acrescenta Lenin a esse propósito, "mostra a sua vitalidade e a força da sua influência sobre a humanidade pelo ódio feroz que provoca ainda hoje".[273] De resto, a Revolução Francesa – "embora tenha sido derrotada", ainda que tenha sucumbido aos golpes da reação coligada, ainda que o "Romanov de então" tenha sido restaurado – "no entanto venceu": porque ela tinha dado ao mundo inteiro os fundamentos da democracia burguesa, da liberdade burguesa, que já não era possível remover.[274] E por isso, continua Lenin, "nós dizemos, tomando uma hipótese possível, o pior dos casos possíveis, que se amanhã um qualquer Koltchak afortunado exterminasse

---

[270] *Cartas de longe*, Carta 1 [7 (20) de março de 1917], em *Obras Escolhidas* em três tomos, ed. cit., tomo 2, p. 2.

[271] *I Congresso de toda a Rússia sobre o ensino extra-escolar da Rússia*, V – 6-19 de maio de 1919, em *Obras Escolhidas* em seis tomos, ed. cit., tomo 4, p. 272.

[272] *Ibidem*.

[273] *Contra o Boicote*, *OC*, tomo XIII, p. 33.

[274] *I Congresso de toda a Rússia sobre o ensino extra-escolar* – 6-19 de maio de 1919, em *Obras Escolhidas* em seis tomos, ed. cit., tomo 4, p. 272.

todos os bolcheviques até o último, a revolução continuaria invencível";[275]

> ainda que amanhã o poder bolchevique fosse derrubado pelos imperialistas, nós não nos arrependeríamos nem por um segundo de o haver tomado. E nem um único operário consciente que represente os interesses das massas trabalhadoras se arrependerá disso, duvidará de que a nossa revolução venceu apesar de tudo. Porque a revolução vence se faz avançar a classe de vanguarda, que desfere sérios golpes na exploração.[276]

Jacques Derrida dizia algures que apreciava muito um texto de Kant em que este afirma que "mesmo que algumas revoluções [Kant pensa na Revolução Francesa] fracassem ou marquem momentos de regressão, elas anunciam que existe a possibilidade de progresso da humanidade, atestam essa possibilidade".[277] Mesmo que... também nós diríamos isso, a propósito de outubro de 1917 e do defunto movimento comunista internacional.

Centenas de vezes e a muitos propósitos, Lenin estabelece analogias entre a evolução da situação na Rússia e os acontecimentos revolucionários da França do fim do século XVIII. Por isso tem o cuidado de reabilitar contra Martinov e Martov (redatores da "nova *Iskra*" – menchevique) a memória dos Jacobinos, de que eles queriam fazer "um espantalho". Evoca as inevitáveis "Vendeias" que a revolução na Rússia terá que enfrentar. Nós preferimos, diz ele também, acabar com a autocracia segundo o processo "plebeu" e deixaremos a outros o processo "girondino".[278] E "entre nós, na Rússia", repete de muito bom grado

---

[275] *Ibidem*, pp. 272-273. O almirante Koltchak, que havia sido proclamado "regente" (a França reconheceu-o como tal), atingiu o Volga à frente de um importante exército branco, na primavera de 1919. Em fins de 1919, esse exército foi derrotado. Koltchak foi preso e fuzilado em Irkutsk.

[276] *Ibidem*, p. 272.

[277] J. Derrida, *Sur parole. Instantanés philosophiques*, s. l., Éditions de l'Aube, 1999, pp. 133-134.

[278] *III Congresso do POSDR*, XIII: Relatório sobre a participação da social-democracia no governo revolucionário provisório [18 de abril de 1905], *OC*, tomo VIII, p. 395.

a classe revolucionária do século XX tem a sua Montanha e a sua Gironda (como a burguesia, classe revolucionária do século XVIII, tinha as suas).[279]

***

6. Na era das massas, a política começa onde se encontram milhões de homens, ou mesmo dezenas de milhões. Deslocamento tendencial dos focos da revolução para os países dominados

Ser revolucionário é por fim, Lenin não se cansa de o repetir, comportar-se como militante internacionalista. Se tivéssemos de apresentar um programa de reformas, declara ele em 1916, escreveríamos mais ou menos o seguinte:

> A palavra de ordem e o reconhecimento da defesa da pátria na guerra imperialista de 1914-1916 são apenas a corrupção do movimento operário com mentiras burguesas.[280]

Não votar os créditos de guerra, não tolerar o chauvinismo do "seu" país (e dos países aliados), combater em primeiro lugar o chauvinismo da "sua" burguesia, não se limitar às formas legais de luta quando surgiu uma crise e a própria burguesia anulou a legalidade por ela criada – tal deve ser a linha de ação dos partidos revolucionários.[281] É esse o "dever" dos socialistas: estimular, "sacudir" o povo (e não adormecê-lo pelo chauvinismo, como fazem Plekhanov, Axelrod, Kautsky), utilizar a crise para apressar a queda do capitalismo; inspirar-se nos exemplos da Comuna e de outubro-dezembro de 1905.[282] Não cumprir esse dever, ou (no

---

[279] Cf. por exemplo, o texto intitulado "Chauvinismo morto e socialismo vivo (Como reconstituir a Internacional?)" [*Sotsial-Demokrat* nº 35, 12 de dezembro de 1914], *OC*, tomo XXI, p. 94.

[280] "O programa militar da revolução proletária" [redigido em setembro de 1916], *OC*, tomo XXIII, p. 93.

[281] "A situação e as tarefas da Internacional" [*Sotsial-Demokrat* nº 33, 1º de novembro de 1914], *OC*, tomo XXI, pp. 33-34.

[282] *A falência da II Internacional*, II [1915], *OC*, tomo XXI, p. 220.

melhor dos casos) refugiar-se nas nuvens, na palavra de ordem de um vago "desarmamento"[283] – eis em que se traduz a traição dos partidos atuais, a sua morte política, a abdicação do seu papel, a sua passagem para o lado da burguesia, constata Lenin um ano depois do início da I Guerra Mundial.[284]

Mas permanecem em todo o mundo coisas demasiadas "que devem ser aniquiladas a ferro e fogo para a libertação da classe operária". Em vez de fugir diante da realidade, escreve Lenin em 1915, "prepara-te" antes, se surgir uma situação revolucionária,

> para fundar novas organizações e pôr em ação esses tão úteis engenhos de morte e de destruição contra o teu governo e a tua burguesia.[285]

É assim e só assim que a "conflagração europeia" (em outras palavras: a I Guerra Mundial) pode desembocar na "guerra civil" que libertará a massa inumerável dos oprimidos.[286]

O imperialismo não é, de resto, mais do que

> a exploração dos milhões de homens das nações dependentes por um pequeno número de nações ricas.[287]

E por isso é muito possível encontrar a maior democracia no interior de uma nação rica, enquanto esta última continua exercendo a sua dominação sobre as nações dependentes. Há demasiadas vezes a tendência, observa Lenin [que, recordemos, não vivia no princípio do... século XXI], para esquecer essa situação – que foi, *mutatis mutandis* [mudando o que deveria ser mudado – latim], a dos homens livres nas cidades democráticas mas escravistas da Grécia antiga, e que volta a encontrar-se na Inglaterra e na Nova Zelândia do princípio do século XX.[288] E esse esquecimento

---

[283] "O programa militar da revolução proletária", *OC*, tomo XXIII, p. 93.

[284] *A falência da II Internacional*, II [1915], *OC*, tomo XXI, p. 220.

[285] *Ibidem*, VIII; *OC*, tomo XXI, p. 260.

[286] "A situação e as tarefas da Internacional Socialista", em *Obras Escolhidas* em seis tomos, ed. cit., tomo 2, p. 175.

[287] "Observações a propósito de uma artigo sobre o maximalismo [sobre um projeto de artigo de Zinoviev]" [redigido por Lenin em 1916, publicado pela primeira vez em 1962], *OC*, tomo XLI, p. 396.

[288] *Ibidem*, *OC*, tomo XLI, p. 396.

interessado constitui uma das condições indispensáveis para a manutenção do domínio da burguesia nos países dominantes: o "principal apoio" do capitalismo nos países capitalistas de indústria desenvolvida, declarará ele em 1921,

> é justamente a fração da classe operária organizada na II Internacional e na Internacional II½.[289]

Semi-intelectuais e operários sobrequalificados esquecem facilmente, mesmo na nossa época chamada de "globalização", que o mundo é mais vasto do que a metrópole onde lhes são concedidas algumas migalhas: essa camada de operários "aburguesados", "inteiramente pequeno-burgueses pelo seu gênero de vida, pelos seus vencimentos e por toda a sua concepção do mundo", constitui a base social do oportunismo, quer dizer, da acomodação ao sistema.[290] Aí está uma coisa que relativiza consideravelmente a petulância e a heterodoxia de que alguns comunistas europeus acusaram Marcuse no início dos anos de 1970: ao sublinhar um inevitável aburguesamento de uma parte cada vez maior da classe operária nos países avançados, Marcuse não desbravava – longe disso – terras deixadas virgens pelos exegetas mais autorizados da obra de Marx. Marcuse escrevia em 1969: o débito fantástico da produção de toda a espécie de objetos e serviços limita a imaginação e aumenta o domínio da produção capitalista sobre a existência dos homens. "Assim, tanto os que organizam a repressão quanto os consumidores que lhe estão submetidos rejeitam a ideia odiosa do potencial libertador contido na sociedade industrial avançada."[291] Que Marcuse tenha apostado, ao mesmo tempo, numa "ação

---

[289] *III Congresso da Internacional Comunista* – 22 de julho-12 de julho de 1921, IV [1921], *OC*, tomo xxxii, p. 512. A expressão "Internacional segunda e meia" designa um grupo de partidos operários que tinham temporariamente saído da II Internacional para fundar outra, não comunista, em Viena em 1921. Reintegraram-se na II Internacional (socialista) em 1923.

[290] *O imperialismo, fase superior do capitalismo* [1916], Prefácio de 1920 às edições francesa e alemã, em *Obras Escolhidas* em três tomos, ed. cit., tomo 1, p. 585.

[291] H. Marcuse, *Vers la libération* [1969], cap. iii, trad. francesa de J.-B. Grasset, Paris, Denoël/Gonthier (Médiations), 1977, pp. 97-99.

política radical" da jovem intelectualidade, por um lado, e da população dos guetos, por outro;[292] que ele pareça ter considerado irreversível a relativa prosperidade do capitalismo ocidental e não tenha previsto que um quarto mundo, cada vez mais vasto, iria confirmar em breve nos nossos países, contra todas as expectativas, a previsão de Marx sobre a tendência para a pauperização absoluta da classe operária – tudo isso é outra questão que aqui não discutimos.

Podia-se pois pensar, logo a seguir ao primeiro conflito mundial, que o movimento emancipador começaria mais facilmente

nos países que não pertencem ao número dos países exploradores, que têm a possibilidade de pilhar com mais facilidade e que podem subornar as camadas superiores dos seus operários.[293]

(Aliás, Lenin se interessou muito de perto pela revolução turca de 1908, pela revolução persa de 1905-1911, pela revolução chinesa de 1911[294]). Do mesmo modo, podemos pensar nos nossos dias que seria bastante arriscado discorrer até não mais poder sobre o "fim" da classe operária e dos seus combates, quando um país povoado por cerca de 1,5 bilhão de habitantes, a China, optou resolutamente por desempenhar o papel de manufatura mundial, adotando um modelo de desenvolvimento baseado na abundância de mão de obra mal paga, no acolhimento de fábricas de montagem, na exportação de produtos baratos e no afluxo de investimentos estrangeiros. Porque ninguém sabe quanto tempo o poder poderá conter os riscos de explosão social nesse país-continente.

Lenin sublinhou insistentemente que o século XX, mais do que qualquer outro antes, seria um século de massas inumeráveis

---

[292] H. Marcuse, *Vers la libération* [1969], *op. cit.*, p. 99.

[293] *Terceiro Congresso dos Sovietes de Deputados Operários, Soldados e Camponeses de Toda a Rússia* – 10-18 (23-31) de janeiro de 1918, 1: Relatório sobre a atividade do Conselho de Comissários do povo / 11 (24) de janeiro [1918], em *Obras Escolhidas* em três tomos, ed. cit., tomo 2, p. 477.

[294] Ver, entre outros: "Material inflamável na política mundial" [*Proletari* n° 33, 23 de julho (5 de agosto) de 1908], em *Obras Escolhidas* em seis tomos, ed. cit., tomo 1, pp. 347 e ss.

– a era das multidões; e que uma revolução é para todos os efeitos "uma guerra", a única guerra "legítima, justa, necessária", uma guerra conduzida

> não no interesse sórdido de um punhado de dirigentes e de exploradores, mas no interesse de milhões e dezenas de milhões de explorados e de trabalhadores, contra a arbitrariedade e a violência.[295]

A revolução seria, portanto, uma guerra – como vimos;[296] mas nas guerras mais vulgares e nomeadamente no conflito mundial que se anuncia, escreve Lenin em 1912, são "centenas de milhares, milhões de escravos assalariados do capital e de camponeses esmagados pelos grandes latifundiários feudais" que são "enviados para a matança" para defender os interesses dinásticos de um punhado de bandidos coroados e os lucros de uma burguesia ávida de pilhar as terras estrangeiras.[297] Devemos agora ter em conta

> este traço particular até então desconhecido das revoluções: a organização das massas.[298]

São hoje milhões e dezenas de milhões de homens que, durante as agitações desse gênero, "aprendem em cada semana mais do que num ano de vida habitual e sonolenta."[299]

"Nós sabemos", assegura Lenin em 1918, "que uma revolução só se torna revolução quando dezenas de milhões de pessoas se erguem, num impulso unânime."[300] O que distingue a revolução

---

[295] "Jornadas revolucionárias", § 3º [*Vperiod* nº 4, 18 (31) de janeiro de 1905], *OC*, tomo VIII, p. 102.

[296] Ver acima, primeira tese.

[297] *Apelo do Comitê Central do Partido Operário Social-democrata da Rússia. A todos os cidadãos da Rússia* [redigido por V. I. Lenin e publicado sob a forma de panfleto em outubro de 1912], *OC*, tomo XLI, p. 261.

[298] *Discurso em Memória de I. Sverdlov na Assembleia Extraordinária do Comitê Executivo Central da Rússia*, em 18 de março de 1919 [*Pravda* nº 60, 20 de março de 1919], *OC*, tomo XXIX, p. 87.

[299] "As Lições da Revolução" [*Rabotchi* nºs 8 e 9, 30 e 31 de agosto de 1917], em *Obras Escolhidas* em três tomos, ed. cit., tomo 2, p. 139.

[300] *V Congresso de toda a Rússia dos Sovietes de Deputados Operários, Camponeses e Soldados* – 4-10 de julho de 1918, § 1º: Relatório do Conselho de Comissários do Povo / 5 de julho de 1918, em *Obras Escolhidas* em três tomos, ed. cit., tomo 2, p. 637.

da luta habitual, repetirá ele três anos mais tarde, é que "aqueles que participam no movimento são dez vezes, cem vezes mais numerosos".[301] O proletariado russo pode "orgulhar-se", insiste V. Lenin ainda antes da tomada do poder pelos bolcheviques, "de que, em 1905, sob a sua direção, uma nação de escravos se transformou pela primeira vez num exército de milhões de homens em ofensiva contra o tsarismo, num exército da revolução".[302]

Quando a revolução está suficientemente preparada, o conceito de "massa" torna-se diferente: alguns milhares de operários já não constituem a massa, dirá ainda Lenin no III Congresso da Internacional Comunista.

As massas de milhões – e a política começa onde existem milhões; a política séria só começa onde existem não milhares, mas milhões (...).[303]

E, contra os seus exagerados – como se diria em 1793 –, ele acrescenta que pode por vezes bastar um partido "muito pequeno" para "conduzir as massas". Em determinados momentos, não há necessidade de grandes organizações.

Mas para ter a vitória é preciso ter a simpatia das massas.[304]

Enfim, não sem uma lucidez prospectiva confirmada pelos 50 anos que se seguiram, Lenin anuncia a evolução que substituirá lutas sociais que opõem localmente exploradores e explorados de uma mesma nação ou de um mesmo continente por lutas de dimensões planetárias, lutas globalizadas, que põem em movimento massas de homens cada vez mais numerosas e

---

[301] *III Congresso da Internacional Comunista* – 22 de junho-12 de julho de 1921, § 4º: Relatório sobre a tática do Partido Comunista da Rússia [5 de julho], *OC*, tomo xxxii, pp. 519-520.

[302] "No caminho" [*Sotsial-Demokrat* nº 2, 28 de janeiro de 1909], em *Obras Escolhidas* em três tomos; ed. cit., tomo 1, p. 482.

[303] *VII Congresso do PCR (b)* – 6-8 de março de 1918, § 1º: Relatório político do Comitê Central (7 de março) [publicado pela primeira vez *in extenso* em 1923], em *Obras Escolhidas* em três tomos, ed. cit., tomo 2, p. 506.

[304] *III Congresso da Internacional Comunista* – 22 de junho-12 de julho de 1921, § 3º: Discurso em defesa da tática da Internacional Comunista [1º de julho], em *Obras Escolhidas* em três tomos, ed. cit., tomo 3, p. 542.

mais universalmente espalhadas pela face da Terra. "Continua a considerar-se o movimento nos países coloniais como um movimento nacional insignificante e perfeitamente pacífico", observa ele nesse sentido.

> Mas não é assim. Desde o começo do século XX, produziram-se mudanças profundas, milhões e centenas de milhões de homens, de fato a imensa maioria da população do globo, agem agora como fatores revolucionários ativos e independentes. É evidente que nas batalhas decisivas iminentes da revolução mundial, o movimento da maioria da população terrestre, orientada a princípio para a libertação nacional, se voltará contra o capitalismo e o imperialismo, e desempenhará talvez um papel revolucionário muito mais importante do que nós pensamos.[305]

E é evidente, acrescentaríamos nós de bom grado, voltando-nos para o futuro, que o século XXI conhecerá batalhas ainda mais massivas, sem dúvida planetárias, que envolverão não só dezenas mas centenas de milhões de homens em lutas que atingirão uma escala nunca alcançada. A manifestação que reuniu no mesmo dia 15 milhões de Terráqueos – no Japão, na Europa, no Oriente próximo, na Austrália, nos próprios Estados Unidos – contra a ameaça do desencadeamento das hostilidades no Iraque constitui, desnecessário é dizê-lo, o modelo ainda balbuciante dessas revoltas mundializadas: em 15 de fevereiro de 2003, 50 cientistas da base McMurdo, na Antártida, desfilaram em volta da sua estação de investigação, enquanto, do outro lado do globo, 10 mil pessoas se manifestavam nas ruas de Trondheim, na Noruega. Manifestações do mesmo gênero ocorreram nesse dia em 600 cidades de 60 países diferentes.

"A revolução russa pode vencer pelas suas próprias forças, mas em nenhum caso ela é capaz de manter e consolidar com as suas próprias mãos as suas conquistas. Não poderá consegui-lo se não houver revolução socialista no Ocidente", declarava Lenin em 1906. Num país como a Rússia, uma revolução democrática – na

---

[305] *III Congresso da Internacional Comunista* – 22 de junho-12 de julho de 1921, § 4º: *OC*, tomo XXXII, pp. 512-513.

ausência de um proletariado suficientemente forte para resistir aos pequenos proprietários que se voltarão inevitavelmente contra ele – corre o risco de ser rapidamente seguida por uma "restauração". Por isso, tal revolução não disporá de "nenhuma reserva que não seja o proletariado socialista do Ocidente...".[306] Portanto, segundo Lenin, a revolução russa possuía forças próprias em quantidade suficiente para vencer; mas não tinha forças suficientes para conservar os frutos da sua vitória. Ela era capaz de vencer porque o proletariado aliado ao campesinato revolucionário podia constituir uma força invencível. Mas não poderia manter a sua vitória, porque num país em que a pequena exploração conhece um desenvolvimento considerável,

> os pequenos produtores de mercadorias (incluindo os camponeses) se voltarão inevitavelmente contra o proletariado, quando este quiser passar da liberdade ao socialismo.[307]

Será útil assinalar que o futuro (pensamos muito em especial na "*deskulakização*", na coletivização das terras, tal como foi praticada por Stalin, a partir de 1929) confirmou amplamente esse prognóstico?

A sorte dos revolucionários russos, concluía no entanto Lenin em 1906, é que eles podem contar com essa necessária "reserva não russa", com esse contributo decisivo, essa ajuda externa que lhes poderá dar o "proletariado socialista do Ocidente", o proletariado de países "muito mais avançados" do que a própria Rússia; enquanto a França do final do século XVIII estava rodeada de países semifeudais, atrasados, que serviram de reserva para uma restauração, pelo menos formal, do Antigo Regime.[308] Dez ou 11 anos mais tarde, depois do desencadeamento do primeiro

---

[306] *Congresso de Unificação do POSDR* – 10 (23) de abril-25 de abril (8 de maio) de 1906 [publicado em 1907], *OC*, tomo x, p. 290.

[307] *Relatório sobre o Congresso de Unificação do POSDR* (Carta aos operários de Petersburgo), III [junho de 1906], *OC*, tomo x, p. 348.

[308] *Relatório sobre o Congresso de Unificação POSDR, OC*, tomo x, p. 348.

conflito mundial, Lenin continuará proclamando a sua fé na iminência de uma revolução quase simultânea em vários países de primeira importância:

O silêncio de morte que reina atualmente na Europa não nos deve iludir. A Europa está grávida de uma revolução. As atrocidades monstruosas da guerra imperialista, os tormentos da vida cara, geram por toda a parte um estado de espírito revolucionário, e as classes dominantes, a burguesia e os seus agentes, os governos, estão cada vez mais encurralados num impasse, do qual não podem sair sem muitas graves perturbações.[309]

Em qualquer caso, afirmará ele ainda em março de 1919,

nós não vivemos apenas num Estado, mas num sistema de Estados, e a existência da República Soviética ao lado dos Estados imperialistas é impensável durante um longo período.[310]

Neste ponto, como é sabido, Lenin será desmentido pelos fatos, pois a Rússia dos sovietes teve de esperar a reconfiguração da Europa do Leste após a II Guerra Mundial e a Revolução Chinesa de 1949 para poder contar com aquilo a que os homens de 1793 teriam chamado "repúblicas-irmãs".

No entanto, já em janeiro de 1918 ele era forçado a reconsiderar e reconhecer que

as coisas tomaram uma forma diferente daquela que Marx e Engels esperavam.[311]

Com efeito, foi às "classes trabalhadoras e exploradas russas" que coube o papel de vanguarda da revolução socialista internacional. Por isso a perspectiva do desenvolvimento da revolução tornou-se desde então a seguinte:

---

[309] *Relatório sobre a Revolução de 1905* [redigido antes de janeiro de 1917; publicado pela primeira vez: *Pravda* nº 18, 22 de janeiro de 1925], *OC*, tomo XXIII, p. 276.

[310] Cf. *VIII Congresso do PCR (b)* – 18-23 de março de 1919 [*Pravda*, março-abril de 1919], *OC*, tomo XXIX, p. 151.

[311] *Terceiro Congresso dos Sovietes de Deputados Operários, Soldados e Camponeses de toda a Rússia* – 10-18 (23-31) de janeiro de 1918, I: Relatório sobre a atividade do Conselho de Comissários do Povo [*Pravda* nº 8, 12 de janeiro de 1918], em *Obras Escolhidas* em três tomos, ed. cit., tomo 2, p. 477.

o russo começou – o alemão, o francês, o inglês concluirão, e o socialismo vencerá;[312]

No fim das contas, a Revolução de Outubro de 1917 apenas "aproveitou um desfalecimento temporário do imperialismo internacional": a máquina tinha se encravado porque os "dois grupos de rapinantes se defrontavam".[313] Para quem medite nas premissas econômicas de uma revolução socialista na Europa, é evidente que era "muito mais difícil começar a revolução na Europa e muito mais fácil começá-la na Rússia", mas que na Rússia "será mais difícil continuá-la".[314] A revolução socialista é "terrivelmente difícil de desencadear" num país tão evoluído como a Alemanha, com uma burguesia tão bem organizada, mas será por isso mais fácil terminá-la vitoriosamente depois de ter eclodido.[315] É que nos países avançados ela não pode começar com a mesma facilidade que na Rússia, país de Nicolau II e de Rasputin, país em que "uma parte enorme da população se desinteressava completamente daquilo que se passava na periferia e do que eram os povos que a habitavam. Era fácil, nesse país", declara Lenin muitas vezes, "começar a revolução; era levantar uma pluma".[316] Lenin repetirá em 1919:

em comparação com os países avançados, para os russos era mais fácil iniciar uma grande revolução proletária, mas para eles será mais difícil continuá-la e levá-la até a vitória definitiva, no sentido da completa organização da sociedade socialista.

---

[312] *Ibidem*; Lenin decalca aqui uma "profecia" de Marx, que de resto acaba de recordar: "Os grandes fundadores do socialismo, Marx e Engels (...) disseram que, em finais do século XIX, o francês começará, o alemão concluirá." – Cf. uma outra citação dessa mesma fórmula (extraída de uma carta de K. Marx a F. Engels, datada de 12 de fevereiro de 1870), em *Obras Escolhidas* em três tomos, ed. cit., tomo 2, p. 65.

[313] *VII Congresso do PCR (b)* – 6-8 de março de 1918, § 1º: Relatório sobre a guerra e a paz, 7 de março de 1918 [publicado pela primeira vez *in extenso* em 1923], *OC*, tomo XXVII, p. 90.

[314] *Ibidem*. Encontraremos declarações semelhantes noutros textos datados do mesmo período: cf., p. ex., *Obras Escolhidas* em três tomos, ed. cit., tomo 2, p. 544.

[315] *Relatório à Conferência dos Comitês de Fábrica da Província de Moscou* – 23 de julho de 1918, *OC*, tomo XXVII, p. 582.

[316] *VII Congresso do PCR (b)*, § 1º: Relatório sobre a guerra e a paz, 7 de março de 1918, *OC*, tomo XXVII , p. 95.

Para nós foi mais fácil começar, em primeiro lugar porque o incomum – para a Europa do século XX – atraso político da monarquia tsarista provocou a força incomum da investida revolucionária das massas. Em segundo lugar, o atraso da Rússia fundiu de modo original a revolução proletária contra a burguesia com a revolução camponesa contra os latifundiários. Foi a partir disso que começamos em outubro de 1917, e não teríamos vencido tão facilmente se não tivéssemos começado a partir disso. Marx já indicava em 1856, falando da Prússia, a possibilidade de uma combinação original da revolução proletária com a guerra camponesa.[317]

Assim – admite ele em março de 1918 –, a revolução socialista mundial "não virá tão depressa como esperávamos". Isso, continua Lenin, "foi provado pela história: é preciso saber aceitá-lo como um fato", é preciso saber tê-lo em conta.[318] "Porque vivemos num período tão terrível e ficamos provisoriamente sozinhos, é que devemos fazer tudo para suportá-lo com firmeza", repetirá ele alguns meses mais tarde: porque "sabemos que no fundo não estamos sozinhos, que os sofrimentos vividos por nós espreitam todos os países europeus e que nenhum deles encontrará saída sem uma série de revoluções".[319] Em 1921, finalmente, passou-se da esperança um tanto contrariada para a simples constatação: verificou-se, dirá Lenin, que os outros povos "não conseguiram enveredar, pelo menos tão depressa como nós pensávamos", pelo caminho da revolução – caminho que constitui a única saída que permite escapar aos laços imperialistas, aos massacres imperialistas.[320] Após o esmagamento da revolução Espartakista na Alemanha (janeiro de 1919), e depois a derrota dos partidários de Bela Kun na Hungria

---

[317] "A Terceira Internacional e o seu lugar na história" [1919], em *Obras Escolhidas* em seis tomos, ed. cit., tomo 4, p. 237.

[318] *VII Congresso do PCR (b)*, § 1º: Relatório sobre a guerra e a paz, 7 de março de 1918, *OC*, tomo xxvii, p. 95.

[319] *IV Conferência dos Sindicatos e Comitês de Fábrica de Moscou* – 1. Relatório sobre a situação atual, 27 de junho de 1918, *OC*, tomo xxvii, p. 494.

[320] *IX Congresso dos Sovietes da Rússia* – 23-28 de dezembro de 1921, § 1º. A política externa e interna da República [*Pravda* nº 292, 25 de dezembro de 1921], *OC*, tomo xxxiii, p. 142.

(agosto do mesmo ano), o tema "realista" que, é certo, já estava discretamente presente, parece se impor cada vez mais no discurso de Lenin. Este preferirá, portanto, repetir desde então:

veremos a revolução internacional mundial, mas por enquanto isto é muito belo, um conto muito bonito.[321]

***

Conclusão

Escreve Lenin num artigo publicado pelo jornal *Rabotchi* no fim de agosto de 1917:

E tal como qualquer mudança na vida de qualquer indivíduo lhe ensina muitas coisas, lhe faz viver e sentir muitas coisas, assim a revolução dá a todo o povo, em pouco tempo, as lições mais profundas e preciosas.[322]

Com efeito, a revolução ensina todas as classes com uma rapidez e uma profundidade que não se verificam nunca em tempo normal, pacífico.[323] "Dizem que a revolução ensina", diz ele muitas vezes nos seus discursos.[324] Noutro lugar repete ainda: "as revoluções ensinam depressa".[325] De julho a setembro de 1917, em dois meses, afirma, "o curso da luta de classes e o desenvolvimento dos acontecimentos políticos, em consequência da inaudita velocidade da revolução, fizeram avançar todo o país

---

[321] *VII Congresso Extraordinário do PCR (b)*, em *Obras Escolhidas* em três tomos, ed. cit., tomo 2, p. 507. Fomos, é certo, buscar em um texto de 1918 essa fórmula; nem por isso ela deixa de exprimir uma tonalidade que se imporá cada vez mais claramente com o prolongamento da "solidão" do poder soviético na Rússia.

[322] "As lições da revolução" [*Rabotchi*, 30-31 de agosto (12-13 de setembro) de 1917], em *Obras Escolhidas* em três tomos, ed. cit., tomo 2, p. 139.

[323] "As lições da revolução", em *Obras Escolhidas* em três tomos, ed. cit., tomo 2, p. 145.

[324] Cf. "Discurso na reunião conjunta do CEC de toda a Rússia, do Soviete de Moscou, dos comitês de fábrica e dos sindicatos de Moscou, 29 de julho de 1918" [publicado em 1919], em *Obras Escolhidas* em três tomos, ed. cit., tomo 2, p. 659.

[325] Cf. "Sobre democracia e ditadura" [*Pravda* nº 2, 3 de janeiro de 1919], em *Obras Escolhidas* em seis tomos, ed. cit., tomo 4, p. 132.

tanto quanto não o teria feito uma longa série de anos em tempo de paz, sem revolução e sem guerra".[326]

As revoluções, dizia Marx, são as "locomotivas da história".[327] As revoluções, acrescenta Lenin, são "a festa dos oprimidos e dos explorados". Nunca a massa do povo é capaz de ser um criador tão ativo do novo regime social como em tempo de revolução. "Em tais períodos, o povo é capaz de fazer milagres...".[328] Mas é necessário que os dirigentes dos partidos revolucionários saibam nesses momentos não enfraquecer a energia revolucionária, em outras palavras, que saibam produzir palavras de ordem que mostrem

a via mais curta e mais direta para a vitória completa, incondicional e decisiva.[329]

A revolução é uma festa: e essa é uma das principais razões que tornam muito mais agradável e mais útil "fazer a 'experiência da revolução' do que escrever sobre ela"!...[330] Que os seus atores individuais sejam movidos por sentimentos nobres ou, ao contrário, sejam movidos apenas (como Bazarov, a personagem de Turgueniev) por nada mais do que o tédio, o ódio ou, no melhor dos

---

[326] *Projeto de Resolução sobre o Momento Político Atual* [redigido em 1917], em *Obras Escolhidas* em três tomos, ed. cit., tomo 2, p. 160. Os dias 3-5 de julho foram marcados nomeadamente por manifestações em Petrogrado, diante do Palácio de Táurida, reclamando "todo o poder aos sovietes". Essas manifestações foram reprimidas pelo governo provisório com derramamento de sangue; os jornais bolcheviques foram proibidos e a sede do *Pravda* saqueada; denunciado como agente provocador a soldo do Estado-maior alemão, Lenin teve que fugir para a Finlândia; Kamenev, Trotsky e outros dirigentes bolcheviques foram encarcerados na fortaleza Pedro e Paulo. De 26 a 30 de agosto (8-12 de setembro) de 1917, o general Kornilov, apoiado pelos cadetes, tentou e falhou um golpe contrarrevolucionário; tendo os sovietes (assembleias populares) assumido a direção da resistência a esse golpe, o episódio teve como consequência "a anulação das consequências de julho" (fórmula que fomos buscar a F.-X. Coquin, *La révolution russe*, Paris, PUF, Que sais-je?, 6.ª ed., 1978, p. 87). Entre outras coisas, os presos de julho, entre os quais Trotsky, foram imediatamente libertados.

[327] K. Marx, "As Lutas de Classes em França (1848-1850)", ver *A revolução antes da revolução*, vol. II. Expressão Popular, São Paulo, 2008.

[328] *Duas táticas da social-democracia na revolução democrática*, § 13 [junho-julho de 1905], em *Obras Escolhidas* em três tomos, ed. cit., tomo 1, p. 452.

[329] *Ibidem*, p. 453.

[330] *O Estado e a revolução*, Posfácio à primeira edição, Expressão Popular, São Paulo, 2007, p. 139.

casos, um idealismo estreito e enfadonho[331] – isso pouco importa, no fim das contas. Do mesmo modo, durante a Revolução de 1905, durante essa "série de batalhas travadas por todas as classes, grupos e elementos descontentes da população", havia massas com os mais bárbaros preconceitos

que lutavam pelos objetivos mais vagos e mais fantásticos;

havia grupelhos que recebiam dinheiro japonês; havia especuladores e aventureiros etc. Além de todas essas contingências, permaneceu, no entanto, este fato incontestável:

objetivamente, o movimento das massas abalava o tsarismo e abria caminho à democracia.

E era por isso, assegura Lenin, que os "operários conscientes" estavam à sua frente.[332] Será portanto a vanguarda da revolução, o proletariado avançado, que exprimirá a verdade objetiva dessa luta de massas "díspar, discordante, diversificada, à primeira vista sem unidade"; ela conferirá beleza e coerência, ela dará forma, continua Lenin, a essa "explosão", suscitada pelos "oprimidos e descontentes de toda a espécie".[333] Porque o comunismo é, como escrevia Marx, a figura necessária e o princípio enérgico do futuro próximo (*die notwendige Gestalt und das energische prinzip der nächsten Zukunft*).[334]

---

[331] Cf. I. Turgeniev, *Pais e filhos* [1862], cap. XXI, Paris, Folio, 1989, p. 188.

[332] *Balanço de uma discussão sobre o Direito das Nações à Autodeterminação*, § 10 [julho de 1916], *OC*, tomo XXII, pp. 383-384.

[333] *Balanço de uma discussão sobre o Direito das Nações à Autodeterminação*, § 10 [julho de 1916], *OC*, tomo XXII, pp. 383-384.

[334] Cf. K. Marx, *Manuscritos econômico-filosóficos de 1844*, Edições "Avante!", Lisboa, 1993, p. 104.

POSFÁCIO

DEZ MINUTOS PARA ACABAR COM O CAPITALISMO

Dez minutos. Naquela noite cada orador dispunha de dez minutos para falar da atualidade do marxismo. Era apenas o tempo de uma entrega de prêmios.

Caridosamente: O primeiro desses minutos dediquei-o, nessa noite, aos *estrumpfes* caritativos, a esses dignos representantes de uma geração que espezinhou os seus valores, de uma geração de palinódias e pequenas especulações bolsistas, de "comércio equitativo", de farsas humanitárias entremeadas de grandes egos e de apelos frenéticos à guerra. Porque, neste oceano de açúcar, de mel e de caramelo mole no fundo do qual — como que em apneia — tivemos de sobreviver durante perto de 20 anos, nesta feira de bons sentimentos que, como não fazem nenhum mal, só podem fazer bem, aquilo a que afinal assistimos foi à santificação do atual estado de fato.

A atualidade do marxismo reside, portanto, em primeiro lugar, em que denuncia o capitalismo como sistema, e nos fornece os instrumentos que fazem sobressair a uma luz ofuscante a inanidade de todo o angelismo, a ineficácia dos "reformadores a varejo", a impostura daqueles que militam pela extinção da pobreza... depois das dez horas da noite.

Cinicamente: O segundo minuto foi consagrado ao "pensamento único". É preciso, disse eu, reler Marx e Lenin depois do dilúvio. Nos *Manuscritos econômico-filosóficos* de 1844, Marx denunciava a desumanidade do capitalismo e a infâmia dos seus bajuladores. Os economistas clássicos, tais como Smith, Say ou Ricardo, consideraram o operário apenas como um animal de carga. Não quiseram ver no homem mais do que uma máquina de consumir e de produzir. Deixam hipocritamente ao médico, ao juiz, ao coveiro, ou então ao preboste dos mendigos, o cuidado de se preocuparem um pouco com aquilo que pode acontecer ao trabalhador fora do tempo em que trabalha. A completa dominação da economia sobre a sociedade traduz uma alienação máxima, claramente manifestada pelo poder universal do dinheiro: "o nosso valor recíproco", escreve Marx, "é para nós o valor dos nossos objetos recíprocos".

Poderia encontrar-se em *La France qui tombe* [A França que cai], um panfleto liberal recente, considerações doloridas e quantificadas sobre a baixa de produtividade que teria sido causada por cada conquista social, começando pela passagem à semana de 40 horas, na época da Frente Popular. Mas por que é que não nos falam, afinal, das desgraças econômicas causadas pela lei de março de 1848 que estabelecia a idade de 8 anos (!) como idade legal para a admissão de crianças no trabalho?

Belicosamente: Durante o terceiro minuto, fiz uma alusão muito sucinta ao complexo militar-industrial, hoje bem instalado entre tudo o que há de mais chique, ligado a todas as máfias, detentor de mil novos retransmissores e, em primeiro lugar, de imensos órgãos de "informação" ou que como tal se apresentam. Consagrei-o, em outras palavras, à confirmação cotidiana da tese segundo a qual o sistema capitalista assegura o mais belo futuro à guerra. À guerra de rapina, à guerra de predação, à guerra contra aqueles que saem da linha ou contra aquele que ainda ontem era um digno concorrente no mercado "livre" – à guerra sino-estadunidense, por exemplo, que já constitui um dos cenários menos improváveis do futuro próximo.

Desigualmente: O quarto minuto foi dedicado aos próprios grandes meios de informação. Chomsky, no seu livro de grande êxito *Manufacturing Consent* (A fabricação do consentimento), e eu próprio, num ensaio que intitulei *Cortina de ferro sobre o Boul'Mich*, enumeramos a extraordinária disparidade que é reservada por esses grandes meios de informação aos massacres contemporâneos, conforme eles sejam ou não massacres democráticos. "A classe que dispõe dos meios da produção material dispõe ao mesmo tempo", observava Marx, "dos meios da produção intelectual." E isso é válido, mais do que nunca, num universo que se atribui como objetivo fazer da lavagem cerebral ininterrupta um ambiente natural, saturar-nos com mensagens, imposições, "incitamentos" e distrações.

Horror-economicamente: Em quinto lugar, a onda religiosa de que supostamente somos testemunhas, as oposições de tribos, os costumes de outra era e, entre nós, as misturas complexas do racismo e da necessária defesa do espírito laico – tudo isso ilustra claramente esta tese muito pouco paradoxal recordada por uma nota de *O capital:* mesmo durante as épocas em que o religioso parece constituir o fator dominante (Marx pensa então na Idade Média), nem por isso o econômico deixa de ser o fator que determina as outras instâncias da sociedade, os comportamentos dos homens e as crenças que os fazem movimentar-se. Em outras palavras, bem hábil será aquele que conseguir distinguir o favor de que, infelizmente, goza um certo Islã radical em várias regiões do globo e a exasperação social suscitada nessas mesmas regiões pela injustiça e pelo imperialismo. Porque a religião, como escrevia Marx, é sempre em maior ou menor medida "protesto contra o infortúnio real".

Matematicamente: Consagrei o meu sexto minuto aos medidores, aos econometristas e outros fornecedores de índices. Marx citou e deixou falar Schulz, um economista socializante, que denunciava os cálculos de médias dos rendimentos dos habitantes de uma nação, cálculos que permitem ao filisteu (decididamente, nada mudou!) enganar-se acerca da condição real da classe mais numerosa da população. Ele se insurgia contra os pseudomodelos que, como a loteria de Adam Smith, pretendem justificar a existência do capitalismo. É verdade que temos aqui o sinal mais visível de uma concepção muito particular da Matemática que, de Hegel até o jovem Marx, a recusa porque é abstrata, quer dizer, sobreposta ao objeto, extrínseca à realidade da vida concreta. Mas, nem por isso, a transformação de todas as coisas em números, de todos os valores humanos, deixa de constituir um dos cancros da nossa época muito estranha.

Democraticamente? Veio depois o sétimo minuto: reservei-o, justamente, a essa espécie particular de medidores, os sondadores, que ajudaram a transformar em objeto principal de interesse alguns jesuítas republicanos, alguns cogumelos liberais de natureza duvidosa, como os que crescem às dezenas no estrume do sufrágio universal (todas essas expressões são tomadas de Maupassant) – do sufrágio universal com 40% de votantes e 100% de desiludidos. A atual religião do sufrágio universal, cuja missa é rezada permanentemente pelos institutos de sondagens ou pelas comissões comissionadas pela Casa Branca, merece pelo menos um reexame, cujos elementos encontraremos todos ou quase todos nas obras do próprio Marx, tal como nas de Lenin.

Uniformemente: O oitavo minuto evocou, como que de passagem, a derrocada das humanidades, a desvalorização do estudo, do tempo longo, da solidão e, mais amplamente, do trabalho bem feito. Compadeci-me, segundo a fórmula quase incontestada, com a cretinização geral, com a asfixiante camada de futebol que caiu sobre este mundo de chumbo, com a sua assombrosa uniformização. "Sob pena de ruína total", lemos no *Manifesto do Partido Comunista*, "a burguesia compele todas as nações a introduzirem no seu seio a chamada civilização". Ela amolda um mundo à sua própria imagem.

Amigavelmente: O nono minuto foi dedicado a alguns dos meus bons camaradas. Como os grandes problemas da vida dos povos nunca se revolvem "a não ser pela força", escrevia Lenin em 1905, aqueles que se põem a lacrimejar assim que a luta de classes se torna extremamente aguda, aqueles que pedem aos socialistas o impossível, exigindo deles que a vitória completa seja alcançada sem nunca esmagar a resistência dos exploradores – esses estão "do fundo do coração com a revolução", mas apenas com a condição de esta... decorrer sem luta séria e não comportar nenhuma ameaça de destruição! Numa palavra, o que eles exigem é uma "revolução sem revolução", declara Lenin, recuperando assim os termos utilizados por Robespierre em 1792: "Cidadãos, queríeis uma revolução sem revolução?"

A esse respeito, os retratos de Robespierre (até então promovido a anticristo) começaram, como diz Michelet, saindo debaixo das camas a partir de 1830. Do mesmo modo, não é necessário ser adivinho para prever que uma reabilitação muito mais do que parcial dos 70 anos de socialismo real acompanhará como condição necessária o ascenso do próximo movimento revolucionário. Isso parece-nos tão pouco discutível como o princípio dos vasos comunicantes.

Tchekhovianamente: O décimo e último minuto, finalmente, foi o da juventude do mundo. Juventude que não quer saber nada além das nossas desilusões, das nossas fraquezas, nem da nossa adesão tão beata quanto efêmera a tudo o que, nos anos de 1985-1990, foi "*gorblaterado*" em Moscou (o neologismo é de Zinoviev). Uma vez que a segunda Restauração coloca de maneira mais aguda e mais vasta problemas largamente análogos aos que foram colocados pelo primeiro capitalismo selvagem, o do princípio do século XIX, ela conhecerá o mesmo futuro. Porque os coveiros do mundo tal como ele está já são uma legião – aqui como noutros lados, nas nossas paisagens de desemprego, de motins e de declínio programado ou na Índia e na China, essas *workhouses* que são do tamanho de continentes e que são hoje as nossas manufaturas.

É ela, a juventude do mundo, que fará sem dúvida acontecer aquilo de que nós apenas podemos pressentir os contornos. Porque nós somos muito comparáveis a personagens de Tchekhov. Somos infelizes. Sim, somos um pouco infelizes. Estamos convencidos de que vivemos o fim de uma época, e o tempo parece quase ter parado. Sabemos que alguma coisa vai chegar. Mas não sabemos o que é.

DO MESMO AUTOR

FILOSOFIA MORAL
Cinq variations sur le plaisir, la sagesse et la mort. La Versanne, Encre Marine, 1999, 323 pp. [Obra premiada pela Academia Francesa.]
Le Bonheur ou l'Art d'être heureux par gros temps. Paris, BordasPhilosophie présente), 2006, 284 p.

FILOSOFIA ANTIGA
Épicure. Lettres trad. de O. Hamelin, revista e corrigida, Paris, F. Nathan, 1982, 111 pp. [Edição aumentada, 1998 – 144 pp., reed. só o texto, Paris, Librio, 2000.]
Tel un dieu parmi les hommes. L'éthique d'Épicure, Paris, Vrin, 1989; reed. 1994, 254 pp.
La Mort n'est rien pour nous, Lucrèce et l'éthique, Paris, Vrin, 1990; reed. 1998, 302 pp.
Commentaire de la Lettre d'Épicure à Hérodote, Bruxelles, Ousia, 1993, 104 pp.
La Légende de Démocrite, Paris, Kimé, 1996, 158 pp.
Démocrite. Grains de poussière dans un rayon de soleil, Paris, Vrin, 1996, 416 pp. [Prémio Études grecques, 2.ª ed. aumentada, 2002, 432 pp.]
Apresentação e notas *in* Plutarque, *Du Stoicisme et de l'Épicurisme* [*Des contraditions des Stoïciens; Que les Stoïciens disent des choses plus étranges que les poètes eux-mêmes; Des notions communes contre les Stoïciens; On ne peut vivre, même agréablement, en suivant la doctrine d'Épicure; Contre l'épicurien Colotès; S'il est vrai qu'il faille mener une vie cachée*], Paris, Sand, 1996, 238 pp.
L'Atomisme antique. Démocrite, Épicure, Lucrèce. Paris, Hachette (Le Livre de Poche / Références), 1997, 255 pp.
Démocrite, Épicure, Lucrèce: la vérité du minuscule. La Versanne, Encre Marine, 1998, 232 pp.
Apresentação e notas *in* Hippocrate. *Connaître, soigner, aimer. Le* Serment *et autres textes,* choisis dans le *Corpus hippocratique.* Paris, Éditions du Seuil (Points), 1999, 286 pp.

FILOSOFIA MODERNA E CONTEMPORÂNEA

Introdução, notas, bibliografia e cronologia *in* K. Marx. *Manuscrits de 1844* (tradução de Jacques-Pierre Gougeon) Paris, Garnier-Flammarion, 1996, 243 pp.

L'Atomisme aux XVIIe et XVIIIe siècles, J. Salem, ed. Paris, Publications de la Sorbonne, 1999, 186 pp.

Une lecture frivole des Écritures. L'Essence du Christianisme *de Ludwig Feuerbach*. La Versanne, Encre Marine, 2003, 130 pp.

Rousseau et la philosophie, A. Charrak e J. Salem, ed. Paris, Publications de la Sorbonne, 2004, 238 pp.

La Raison dévoilée. Études schopenhaueriennes, Ch. Bonnet e J. Salem, ed. Paris, VrinBibliothèque d'Histoire de la Philosophie), 2005, – 256 pp.

Spinoza au XIXe siècle, A. Tosel, P.-F. Moreau e J. Salem, ed. Paris, Publications de la Sorbonne (*no prelo*).

Qu'est-ce que les Lumières?, G. Pigeard de Gurbert e J. Salem, ed. Oxford, Voltaire Foundation (*no prelo*).

OUTRAS

[sob o pseudônimo de Jean Sarat:] *Rideau de fer sur le Boul'Mich*. Note sur la représentation des pays dits de l'Est chez l'élite cultivée du peuple le plus spirituel du monde. Éditions de la Croix de Chavaux, 1985, 211 pp.

Introduction à la logique formelle et symbolique, Paris, Éd. Fernand Nathen, 1987, 141 pp.

Philosophie de Maupassant, Paris, Ellipses, 2000, 126 pp.

Giorgio Vasari (1511-1574), ou L'Art de parvenir, Paris, Kimé, 2002, 199 pp.

MANUAIS

Les Philosophes et la liberté. Manual (em colaboração com Bruno Huisman). Paris, Éditions BH, 1982, 304 pp.

La Philosophie au lycée. Manual de estudos filosóficos (em colaboração com Gérard Durozoi) Éd. Fernand Nathen, 1985, 255 pp.

Parcours philosophiques (em colaboração com Gérard Durozoi, Denis Huisman e Jacques Deschamps). Éd. Fernand Nathan, 1985, 480 pp.